DIE ERSTE

Impressum:
ISBN: 978-3-903989-13-9

echo medienhaus ges.m.b.h.
Media Quarter Marx 3.2
A-1030 Wien, Maria-Jacobi-Gasse 1
Produktion: Ilse Helmreich
Layout: Elisabeth Waidhofer
Lektorat: Regina Moshammer
Coverbild: www.shutterstock.com
Herstellungsort: Wien

Besuchen Sie uns im Internet:
www.echomedia-buch.at

DIE ERSTE

Mutige Pionierinnen auf dem Weg ins 21. Jahrhundert

Beatrix Hain
Barbara Hafok

echomedia
BUCHVERLAG

Inhalt

Die Erste

Das Wirken von Frauen, die lange keinen Schatten geworfen haben, wird neu beleuchtet und diese werden so mittels ihrer Biografien wieder lebendig, damit ihre Schatten bis in die Gegenwart reichen.

Die Geschichte der Menschheit kann nicht auf ein Geschlecht reduziert werden! Der Überlieferung nach war der erste Mensch Adam, dem Eva als erste Frau folgte, aber wer waren „die Ersten", die „der Ersten" in den unterschiedlichen Disziplinen des Lebens nachfolgten? Der Frage nach den Ersten wird in sechs Kapiteln, Politik, Sport & Wettkampf, Luftfahrt, Wissenschaft & Bildung, Industrie & Gewerbe und Nobelpreise, nachgegangen. Es werden die Lebensumstände der Frauen beschrieben. Die Kapitel lassen Frauen aus Europa, vor allem aus Österreich, und von anderen Kontinenten lebendig werden.

Schon im frühkindlichen Alter von drei Jahren wollen wir die oder der Erste sein. Doch was treibt unser Tun als Erwachsene jenseits geschlechterspezifischer Vorschreibungen an? Wir wollen den Motivationen der Frauen nachgehen, die sich schon sehr früh dazu entschlossen haben, einen eigenen Weg entgegen aller Klischees und Verhaltenscodices für Frauen zu gehen.

Männliches Terrain zu erobern, war für Frauen schon de jure oft unmöglich. Doch es gab sie, die sich den Widrigkeiten stellten.

Beatrix Hain befasst sich in den Kapiteln Sport & Wettkampf, Wissenschaft & Bildung sowie Industrie & Gewerbe mit einer Auswahl sehr unterschiedlicher Frauen: ob im Bergsport, wie die Österreicherin Gerlinde Kaltenbrunner, die als erste Frau alle Achttausender ohne Sauerstoffzufuhr und ohne Unterstützung von Hochträgern bestieg, ob Eva Voraberger, die erste österreichische Boxerin mit sechs WM-Titeln, oder Beate Uhse, die Gründerin des ersten Sexshops der Welt. Ebenso gab es in der Wissenschaft diese Vorreiterinnen, die als Gasthörerinnen zaghaft die Hörsäle füllten, wie Sofja Kovalevskaja, die als Erste an der Universität Stockholm in Mathematik promovierte, oder die Deutsche Emmy Noether, die sich als Erste in Mathematik habilitierte.

Barbara Hafok zeigt die Besonderheiten der ausgewählten Frauen in den Kapiteln Politik, Luftfahrt und Nobelpreise auf: Frauen auf dem politischen Gipfel, wie Brigitte Bierlein, die erste österreichische Bundeskanzlerin, oder Barbara Prammer, die erste österreichische Nationalratspräsidentin, sowie mutige und durchsetzungskräftige Frauen in einer Männerdomäne – der Fliegerei. Hier nimmt sogar eine österreichische Fliegerin die Weltführung ein: Isabel Doppelreiter als erste Frau an der Spitze einer Pilotenvereinigung. Herausragende Leistungen, die mit dem Nobelpreis ausgezeichnet wurden, sind weiters Inhalt der Betrachtungen: jene der Amerikanerin Elinor Ostrom, die als Erste in Wirtschaftswissenschaften ausgezeichnet wurde, oder jene von Marie Curie, der ersten Nobelpreisträgerin der Welt.

Ergänzend zu den Lebensbeschreibungen wurden von den Autorinnen Interviews mit einigen herausragenden Frauen durchgeführt, die einen tieferen Einblick in erfolgreiche Frauenleben geben.

Eingebettet sind die Frauenbiografien in den sozialhistorischen Kontext im Spiegel der Geschlechterhierarchien.

Meisterinnen und
Gründerinnen von
Weltkonzernen.

Industrie & Gewerbe

Ich bin dann mal oben!

Dieses Kapitel widmet sich den ersten „Unternehmerinnen" des 18. Jahrhunderts, die, oft früh verwitwet, das Geschäft ihrer Gatten als „Meisterinnen" weiterführten und ausbauten, und den Gründerinnen von Weltkonzernen des 19. und 20. Jahrhunderts. Unternehmerinnen gab es Jahrhunderte hindurch immer wieder. Mal erfolgreich, mal weniger erfolgreich, oft totgesagt, ihr Werk verleugnet, nicht öffentlich gemacht. Oft passte das Bild der Unternehmerin nicht in das politische und gesellschaftliche Bild der Zeit. Mussten sie in den Kriegen „ihren Mann stehen", wurden sie in weiterer Folge als „Übergangsphänomen" der Nachkriegszeit beschrieben und sollten anschließend wieder in ihre zugedachten Rollen schlüpfen.

Statements seitens Industrie und Politik lauteten wie jenes des Wirtschaftspädagogen Walter Hage von 1965: „Frauen soll man lieben, aber keine Geschäfte mit ihnen machen."

Sie arbeiten lange, oft sehr lange in ihrem Unternehmen. Leidenschaft oder nicht loslassen können? Aber wer gibt schon gerne auf, was sie tagein, tagaus oft über sechzig Jahre gemacht hat. Wir sprechen hier von den Unternehmerinnen, die in all den Jahren „ihren Mann gestanden" haben. Oft selbst Firmengründerin oder Nachfolgerin des verstorbenen Partners, wie die in Deutschland lebende Helene Metz. Sie übernahm die von ihrem Mann 1938 gegründeten Metz-Werke und führte diese bis zu ihrem Ausscheiden aus der Geschäftsleitung 2011, im Alter von 86 Jahren, weiter. Trotzdem war sie noch weiterhin aktiv, als Vorsitzende des Firmenbeirats, und sie saß dem Vorstand der Paul-und-Helene-Metz-Stiftung vor. „Ich bin jederzeit zur Stelle, wenn jemand Rat braucht", sagte die Unternehmerin und bekannte: „Die Firma ist für mich wie ein zweites Zuhause."

Um Machtstrukturen und ein für Entscheidungen zuständiges Gremium nachhaltig zu verändern, bedarf es einer erhöhten Frauenquote, aber zumindest dreier Frauen. Jedoch haben sich Männer in Führungspositionen, um Frauen an der Männermacht nicht teilhaben zu lassen, folgende Standardsätze zurechtgelegt: „Frauen sind ein nicht notwendiges Risiko." Oder: „Dieser Konzern duldet keine Frau im Vorstand." Oder „Frauen in Top-Positionen sind keine Frauen mehr, denn sie neigen in der Unternehmensmännerwelt zur Überanpassung." Die in ihrer Grundhaltung Emanzipierteren fördern trotzdem keine Frauen aus Furcht vor mangelnder Akzeptanz weiblicher Führungskräfte. Und gegen dieses Vorurteil ist nur schwer vorzugehen, außer die Politik regelt dies über eine Frauenquote.

Frauenquote – noch immer ein Gebot der Stunde?

Werfen wir einen Blick auf Europa. Dort, wo eine Frauenquotenregelung eingeführt wurde, dominiert im öffentlichen Dienst der Anteil an weiblichen Führungskräften, jedoch hinkt er im privaten Sektor deutlich nach. In Österreich gibt es seit 2018 eine gesetzliche Frauenquote in Aufsichtsräten, die aber fast jedes dritte Unternehmen nicht erfüllt.

Anfang 2020 waren acht Prozent der Positionen in den Geschäftsführungen und 22,6 Prozent der Aufsichtsratsposten bei den zweihundert umsatzstärksten Unternehmen (Banken, Versicherungen, ...) in Österreich von Frauen besetzt. Während der Frauenanteil in den Aufsichtsräten ein neues Rekordhoch erreichte, ging der weibliche Einfluss in den Geschäftsführungen das zweite Jahr in Folge zurück.

Am höchsten ist der Frauenanteil in den Aufsichtsräten oder Verwaltungsräten der größten börsennotierten Unternehmen in Europa, dort liegt er bei 34,2 Prozent; der europäische Durchschnitt der Frauenquote in Aufsichtsräten börsennotierter Unternehmen beträgt 28,8 Prozent. Den höchsten Anteil an Unternehmerinnen findet man laut der Statistik der WKO von 2019 im Gewerbe und Handwerk (Fußpflegerin, Kosmetikerin und Masseurin 81,8 Prozent, Friseurin 81,1 Prozent sowie Mode- und Bekleidungstechnik 78,4 Prozent), den geringsten Anteil in der Industrie.

Meisterin und Geschäftsfrau

Vereinzelt haben es Frauen in der Geschichte zu führenden Unternehmerinnen gebracht. Sie waren „die Meisterin". Manche machten die Meisterprüfung, jedoch waren die Gewerke geregelt, die von Frauen ausgeübt werden durften. Textile Verarbeitung, Bäckerwesen, Kauffrau, Handel. Als Vollmitglied einer Zunft hatte die Handwerkerin gleiche Rechte, etwa das Bürgerrecht, wie Männer. Doch die Selbständigkeit hatte ihre geschlechtlichen Grenzen. Weibliche Selbständigkeit war in den „natürlich" bedingten Geschlechterhierarchien nicht vorgesehen. Meist „erbten" Frauen nach dem Tod ihrer Männer deren Geschäfte, die sie dann eine Zeit lang ausübten. Das „Witwenrecht" wurde regional unterschiedlich ausgelegt. Es gab „Fortführungsbeschränkungen", die Frauen in der Ausübung ihrer Aufgaben einschränkten, indem das Witwenrecht an Bedingungen wie die Verheiratung mit dem Gesellen oder zeitlich an die Berufsausübung des männlichen Erben gebunden war.

Dass sich auch Frauen in einem Technikunternehmen behaupten können, zeigt die Biografie von Sophie Henschel (1841–1915), die nach dem Tod ihres Gatten 18-jährig die Kasseler Maschinenfabrik Henschel & Sohn mit 2.000 Angestellten als „Fabrikherrin" (1894 bis 1912) weiterführte. Sie war die Erste, die eine Lokomotivfabrik leitete. Es stand jedoch nicht ihre Leistung als Unternehmerin im Vordergrund, sondern die Rolle der wohltätigen Unternehmerin und Vorsitzenden des Frauenvereins des Roten Kreuzes in Kassel.

Anna Maria (Nannette) Streicher

Die PR-Meisterin der Instrumente

2. Jänner 1769
bis 16. Jänner 1833

„Wir haben zwar gute Instrumentenbauer hier, allein berühmt sind sie nicht", so die Antwort Kaiser Franz II. auf die Bitte Nannette Steins und ihres Bruders Matthäus Andreas für eine Konzession zur Herstellung von Klavieren in Wien. Mittels Hofdekret wurde ihnen diese am 17. Jänner 1794 ausgestellt.

Die in Augsburg als sechstes Kind des Orgel- und Klavierbauers Johann Andreas Stein geborene Nannette Stein erhielt schon früh von ihrem Vater Klavier- und Gesangsunterricht. Bereits mit sieben Jahren gab sie in der Augsburger Patrizierstube ein Klavierkonzert, das ihr als Anerkennung eine Medaille einbrachte, und mit acht Jahren spielte sie mit Wolfgang Amadeus Mozart und ihrem Vater Mozarts Tripelkonzert. Zehn Jahre später lernte sie Beethoven kennen, mit dem sie bis an ihr Lebensende eng befreundet war. Er besaß nicht nur Streicher'sche Instrumente, sondern konsultierte Nannette in Erziehungs- und Haushaltsfragen, nachdem er die Vormundschaft für seinen Neffen übernommen hatte.

Ihr Vater erkannte schon früh die Notwendigkeit, auch seine Tochter im Klavierbau zu unterweisen. Das kam ihr nach dem Tod ihres Vaters 1792 sehr zugute, als es galt, das Unternehmen weiterzuführen. „So war es möglich, dass sie (...) die Bearbeitung der Fortepianos selbst übernehmen, und seit neun Jahren mit männlichem Geist selbst fortführen konnte." Das schrieb ein Wiener Korrespondent 1802 in der Leipziger „Allgemeinen musikalischen Zeitung". 1794 heiratete Nannette kirchlich Johann Andreas Streicher, selbst Musiker und ein sehr guter Freund Friedrich Schillers, und übersiedelte mit ihm nach Wien. Gemeinsam mit ihrem um sieben Jahre jüngeren Bruder Matthäus führte sie das Klavierbauunternehmen auf der Landstraße 301 im Haus „Zur roten Rose". Nach der Trennung der Geschwister 1802 ließ Andreas Streicher in der Leipziger „Allgemeinen musikalischen Zeitung" folgende Anzeige veröffentlichen: „Unterzeichneter benachrichtigt hiemit das Publikum, dass seine Gattin, geborene Nannette Stein, in Zukunft unter ihrem eigenen Namen die Verfertigung von Klavierinstrumenten besorgt." Die Instrumente wurden dann mit „Nannette Streicher, née Stein" signiert. In Wien gab es um 1800 viele Instrumentenbauer, jedoch galten die Streicher'schen Fortepianos als die besten – so baute die Firma Streicher 1823 für den britischen Monarchen George IV. einen Prachtflügel aus Mahagoniholz – und waren sogar gegenüber den anderen Pianos günstiger (ab 66 Dukaten) zu erwerben.

Strategisches Denken und gute Marktkenntnisse sowie gesellschaftliches Netzwerken legten den Grundstein für Nannette Streichers florierendes Unternehmen. Gekonnt baute sie ein großes Netzwerk an Repräsentanten im deutschsprachigen Raum auf. „So gewagt es auch scheinen mochte, dass sich eine Frau, Mutter von drei Kindern, an die Spitze eines der schwierigsten Geschäfte stellte, so bestand ihr Gatte dennoch darauf, da sie die genaueste Kenntniß derjenigen Mechanik hatte, die einem Pianoforte erst den eigentlichen Werth verleiht (...)", so ein Eintrag im Damen Conversations Lexikon, Band 9, 1873. Der Zeit entsprechend oblag die Leitung und die Aufsicht des Unternehmens trotzdem ihrem Gatten.

Nannette Streicher errichtete 1812 im Alten Streicherhaus, Ungargasse 371 (später Nr. 46), einen Konzertsaal, der 300 Personen Platz bot. Dieser wurde mit einem Wohltätigkeitskonzert zugunsten der „Gesellschaft adeliger Frauen zur Beförderung des Guten und Nützlichen" mit Beethovens „Coriolan-Ouvertüre" eingeweiht.

Mit dem Firmeneintritt ihres Sohnes konnte sich Nannette nun auch wieder ihren anderen Interessen widmen. Am 16. Jänner 1833 starb sie an einer Lungenlähmung.

Weltkonzerne

„Starke Frau. Starke Wirtschaft. Starke Frau in der Wirtschaft." So das Leitbild der „Frau in der Wirtschaft", des Unternehmerinnen-Netzwerks der WKO Österreich. Immer mehr Frauen machen sich selbständig. Unternehmerinnen sind in Österreich auf dem Vormarsch. Als Motivation geben 65,87 Prozent der Frauen an, die „eigene" Chefin sein zu wollen, 61,21 Prozent haben den Wunsch nach Eigenverantwortung, 58,96 Prozent wollen ihr Einkommen steuern, 62,06 Prozent erstreben eine neue Berufsperspektive und 74,61 Prozent geben als Grund eine flexible Zeit- und Lebensgestaltung an. Die Hälfte der Unternehmerinnen hat Kinder.

2020 gab Forbes eine Liste mit den reichsten „Selfmade-Frauen" in den USA heraus. Angeführt wird die achtzig Frauen umfassende Auflistung von Diane Hendricks, deren Unternehmen, der Dachdecker-Riese ABC Supply, auf acht Milliarden US-$ geschätzt wird. Noch nie haben mehr Frauen neue Unternehmen gegründet und Vermögen angehäuft als in den letzten Jahren.

Den historischen Reigen eröffnet

Madame Cliçquot

Die prickelnde Witwe
und erste Frau, die ein
Champagnerhaus leitete

16. Dezember 1777
bis 29. Juli 1866

Als „audacieuse“ (kühn, wagemutig) beschreibt das Haus Cliçquot gerne seine Firmengründerin. Die Champagnermarke Cliçquot gehört mittlerweile der LVMH-Gruppe. Dass Champagner für Luxus steht, mag der Tradition des Hauses geschuldet sein. Vermochte die Firmengründerin doch geschickt die Marke in Adelskreisen europaweit und sogar bis Übersee zu platzieren. Sie verbreitete nicht nur den Champagner als Getränk, sondern damit auch „Savoir-vivre“.

Im Archiv des Konzerns lagert das Erbe von Madame Cliçquot. Fast nur Geschäftsbriefe mit vielen Geschäftszahlen, doch kommt zwischen den Zeilen ihre Persönlichkeit durch. „Eine Frau mit Rückgrat, die viel las und viel Rat suchte, aber schnell und mutig Entscheidungen traf, wenn sie wusste, dass die Zeit für etwas reif war.“ Der Vater von Barbe-Nicole Ponsardin – so der Mädchenname von Madame Cliçquot – war ein reicher Textilhändler, der bestrebt war, seine Familie in den Adelsstand zu erheben. Leider kam ihm die Französische Revolution dazwischen und der Traum zerplatzte fürs Erste. Mit zwanzig Jahren heiratete Barbe-Nicole Francois Cliçquot, dessen Vater u. a. einen Weinhandel betrieb. Ihr Gatte, mit dem sie eine Tochter hatte, verstarb, als Barbe-Nicole 27 war, und sie nutzte die Gunst der Stunde, als Witwe Bank- und Handelsgeschäfte selbst zu tätigen. Sie entschied, den Weinhandel weiterzuführen, und konnte ihren Schwiegervater überzeugen, in das Unternehmen zu investieren. Eine weise Entscheidung. Denn sich nur auf das Witwendasein zu beschränken, das war nicht in ihrem Sinn. 1805 gründete sie die Firma, die fortan „Veuve“ (Witwe) im Namen trug – und die zunächst harte Jahre überstehen musste.

Napoleons Kontinentalsperre (1806–1813) brachte den internationalen Handel zum Erliegen. Umso mehr konnte sich Madame Cliçquot ihren Weinen und der Champagnerherstellung widmen. Dabei wurde sie von Ludwig „Louis“

Bohne, dem engsten Vertrauten ihres verstorbenen Mannes, und dem schwäbischen Kellermeister Anton von Müller (Antoine de Muller), der um 1813 das Rüttelverfahren erfand, unterstützt. Dieses Verfahren diente dazu, den Champagner von abgestorbenen Hefezellen und dem trüben Zustand zu befreien. Die Hefezellen rutschten in den Flaschenhals und konnten dann schnell entfernt werden. Mit dem heutigen Champagner kann man dieses Getränk kaum vergleichen, war es doch um einiges süßer und trüber im Aussehen. Um den russischen Markt als Erste zu erobern, musste Madame Cliçquot auch Risiken eingehen. Ohne Papiere ließ die Witwe 11.000 Flaschen per Schiff nach Königsberg bringen. Sie hatte Glück, die Blockade fiel, und die Flaschen, die bruchsicher in großen Kisten verpackt waren, konnten nach Sankt Petersburg weitertransportiert und dort für viel Geld verkauft werden. Madame Cliçquot entwickelte auch den ersten rosafarbenen Champagner. Wenige Bilder sind von ihr erhalten, erst Porträts im höheren Alter. Im Alter von 43 Jahren zog sie sich auf ihr herrliches Anwesen, das Château de Boursault, zurück. Eduard Werle, ihr späterer Kellermeister, trat ihre Nachfolge an.

Seit 1979 wird der „Veuve Cliçquot Business Woman Award" an Unternehmerinnen vergeben.

Das Unternehmen „Schönheit"

Die Begründerinnen der Beauty-Industrie wollten das Leben für Frauen schöner machen. Ob es galt, mit Schönheitsprodukten den vorherrschenden Schönheitsidealen zu entsprechen oder den weiblichen Narzissmus auszuleben, die Firmengründerinnen waren von ihrer Idee überzeugt. Ob in der Kosmetik- oder Modebranche, sie machten sich selbst zu Testimonials und begannen ihre Produkte weltweit zu vermarkten.

Madam C. J. Walker

Die erste Schwarze Selfmade-Millionärin

23. Dezember 1867
bis 25. Mai 1919

Stolz blickt Madam Walker mit fünfzig Jahren auf ihre Villa Lewaro. 250.000 US-Dollar zahlte sie für das im Jahr 1917 erbaute dreistöckige Haus, das von dem Schwarzen Architekten Vertner Tandy geplant wurde. Selbstverdientes Geld. Nicht geerbtes, nicht von ihrem Partner. Ein italienisches Herrenhaus mit 34 Zimmern in einem der nobelsten Vierteln von New York, in dem auch die Astors und die Rockefellers lebten. Leider konnte Madam Walker diesen Wohnluxus nur kurz genießen. Ihre einzige Tochter A'Lelia erbte das Anwesen. Später ein Altersheim, heute in Privatbesitz, soll es durch Bestimmungen des National Trust vor etwaigen baulichen Veränderungen geschützt werden.

Ihre Eltern und Geschwister arbeiteten als Sklaven auf einer Plantage in Delta, Louisiana, als Sarah Breedlove 1867 als Jüngste geboren wurde. Der frühe Verlust ihrer Eltern zwang sie schon frühzeitig, einer Arbeit nachzugehen, mit 14 Jahren zu heiraten und mit zwanzig Jahren verwitwet den Lebensunterhalt für sich und ihre Tochter zu verdienen. Da ihre drei Brüder in St Louis einen gutgehenden „Barbershop" hatten, machte sie sich mit ihrer kleinen Tochter A'Lelia dorthin auf. Sie arbeitete für einen Dollar pro Tag, anfangs als Wäscherin, dann als Köchin in weißen Haushalten. Mit 23 Jahren lernte sie erst lesen, das Wenige, das ihr in der Sonntagsschule beigebracht wurde, reichte ihr nicht. Eine zweite Ehe, 1894 geschlossen, scheiterte. Während dieser Zeit arbeitete sie als Vertreterin für Haarpflegeprodukte für afroamerikanische Frauen von Annie Turnbo Malone, einer afroamerikanischen Haarpflege-Unternehmerin und Selfmade-Millionärin, spätere Konkurrentin von Walker. Viele afroamerikanischen Frauen litten unter den schlechten hygienischen Bedingungen, unter mangelnder Ernährung und

der Anwendung aggressiver Haarpflegeprodukte, die das krause Haar glätten sollten. Aus leidvoller Selbsterfahrung wollte Sarah dies ändern. Ein örtlicher Apotheker, bei dem sie als Köchin arbeitete, brachte ihr bei, wie man aus Schwefel, Bienenwachs und Duftstoffen Shampoos und Haaröle herstellte, die das Haar und die Kopfhaut pflegten und vor dem heißen Glätteisen schützten. Der Name ihres dritten Ehemannes, Walker, sollte zur Marke ihrer Haarkosmetikprodukte werden. 1906 gründete sie die „Madam C. J. Walker Manufacturing Company". Ihre Kreation hieß „Madam Walker's Wonderful Hair Grower", ähnlich dem Namen von „Turnbo's Wonderful Hair Grower". Beide Produkte enthielten Schwefel, der zur Behandlung von Schuppen und anderen Erkrankungen der Kopfhaut verwendet wurde. „Betrügerische Nachahmung" warf Annie Turnbo Malone ihrer Konkurrentin vor.

3.000 „Walker-Agentinnen" übernahmen den Vertrieb der Produkte, Madam Walker fungierte als Vorher-nachher-Modell. Reisen zur Produktvermarktung quer durch Amerika machten sie zur mehrfachen Millionärin. Sie brachte ca. 32 Produkte auf den Markt, von Pomade, Haarfärbemittel, Kämmen bis zu Produkten für den Mann.

Sie war eine politisch aktive Frau, die sich für die Rechte der afroamerikanischen Bevölkerung einsetzte. 1917 trat sie der Bürgerrechtsorganisation „National Association for the Advancement of Colored People" (NAACP) bei. Sie war gern gesehene Rednerin bei Kongressen zu den Themen Politik, Soziales und Ökonomie.

Helena Rubinstein versus Elizabeth Arden

Ob die 1870 in Polen geborene Helena Rubinstein oder ihre spätere Erzrivalin, die acht Jahre später in Kanada geborene Elizabeth Arden, oder andere Unternehmerinnen im Kosmetikbereich, sie alle verstanden es, Tabus aufzulösen und ihre Unternehmen zu Millionenunternehmen zu machen. „Kriegsbemalung" für Frauen war verpönt, hatte sie doch etwas Anrüchiges an sich. Frauen aus Film und Showbusiness oder Prostituierte schminkten sich, aber nicht die distinguierte Frau der gehobenen Gesellschaft. Also mussten medizinische Argumente ins Spiel kommen. So betonte z. B. Helena Rubinstein, dass ihre Cremes und Lotions heilende Eigenschaften besäßen. Schönheitssalons wurden in allen großen Städten Europas und Amerikas eröffnet. Beide Frauen hinterließen neben dem berühmten Markennamen bei ihrem Ableben ein Millionenvermögen.

Die reichste Europäerin (Stand 2020) ist die Französin Françoise Bettencourt Meyers, Enkelin des L'Oréal-Gründers, dessen Konzern 1988 die Marke Helena Rubinstein übernahm.

Unternehmen Spielzeug

Das Spiel ist der Beruf des Kindes. Im Spiel lernen Kinder das soziale Miteinander, können ihre Umwelt gestalten, kreative Fähigkeiten entwickeln und sich Rollenbilder aneignen. Je nach Geschlecht werden die Spielgegenstände den Kindern zugeordnet. Wie sinnvoll das ist, das hinterfragte bereits zu Beginn des 19. Jahrhunderts Louise Otto-Peters, eine engagierte Frauenrechtlerin. Sie kritisierte die naturgetreue Nachahmung der Erwachsenenwelt für Mädchen, etwa die gut ausgestatteten Puppenküchen und Puppenhäuser oder die verschiedenartigen Puppen, gekleidet nach der neuesten Mode.

Neben Barbie und Co. hat sich ein kleiner zotteliger Bär namens Teddy noch seinen Platz in den Kinderzimmern erhalten können.

Margarete Apolonia Steiff

Ein Knopf im Ohr erobert die Welt

24. Juli 1847
bis 9. Mai 1909

STEIFF – Knopf im Ohr, Werbung 1913

„2008 designte Karl Lagerfeld Steiff Plüschtiere, die schnell vergriffen waren und begehrte Raritäten für Steiff-Liebhaber sind", so auf der Firmenseite im Internet. Dass sogar ein weltberühmter Modedesigner 99 Jahre nach Margaretes Ableben Plüschtiere für ihre Firma designen würde, daran hätte sie in ihren kühnsten Träumen nicht gedacht.

Dank ihrer Neffen erkannte Margarete Steiff schon früh, dass Kinder von den weichen Filztieren fasziniert waren. Waren doch die Spielzeuge dieser Zeit aus Holz, Porzellan und in späterer Folge aus neueren Werkstoffen wie Zelluloid hergestellt. Ihr erster selbst erzeugter Elefant, dessen Nähanleitung sie dem Journal „Modenwelt" entnommen hatte, brachte sie auf die Idee, ihr erstes Tier zu produzieren.

Schneidern war für Frauen nichts Außergewöhnliches, entsprach es doch den weiblichen Tugenden der damaligen Zeit. Doch Margarete war ein etwas anderes Kind. Mit 18 Monaten erkrankte sie an Kinderlähmung. Trotz gesetzter therapeutischer Maßnahmen litt sie an körperlichen Einschränkungen. So konnte sie ihre Arme nur bedingt für Näharbeiten nutzen. Mit ungebrochenem Willen und ihren strengen Eltern zum Trotz schloss sie mit 17 Jahren die Nähschule ab.

1877 eröffnete Margarete eine Filz-Konfektionsfirma und verkaufte selbstgenähte Kleidungsstücke. 1879 erblickte ihr erstes „Elefäntle" in Form eines Nadelkissens das Licht der Welt und 1880 wurde zum offiziellen Gründungsdatum der Firma mit bereits einigen weiblichen Angestellten.

„1883, vier Jahre später, steht auf der Rückseite ihrer Preisliste ein Eintrag, der auf eine neue Entwicklung des Unternehmens hinweist: Kinderspielwaren aus Filz, unverwüstlich und ungefährlich. Elefanten mit bunten Sätteln." So zu lesen auf der Homepage des Spielzeug Welten Museums Basel. Noch wird die überschaubare Anzahl an Produkten von ihrem um zwei Jahre jüngeren Bruder Fritz auf dem Heidenheimer Markt angeboten. Dank steigender Nachfrage werden 1886 mehr als 5.000 Stück produziert. Die tierische Kollektion wird immer vielfältiger, wie man dem 1892 erschienenen illustrierten Steiff-Katalog entnehmen kann.

1889 wird das erste Firmengebäude nach modernsten technischen und architektonischen Maßstäben mit Verkaufsshop, Produktionsstätte und behindertengerechter Wohnung errichtet. „Filz-Spielwaren-Fabrik" prangt als Firmenschild auf der Fassade in der heutigen Margarete-Steiff-Straße. Im selben Jahr noch lernt Margarete Johanna Röck kennen. Es soll eine enge Freundschaft werden. Johanna zieht zu Margarete und steht ihr fast zwanzig Jahr lang – bis zu Margaretes Tod – zur Seite.

1904 wird der „Knopf im Ohr" zur Fabrikmarke, nur damit wird das Spielzeug erst zum Original. Margarete wird zur größten Arbeitgeberin in der Region, v. a. für Frauen, Sozialleistungen wie die Verteilung von Essensgutscheinen zeigen ihren respektvollen Umgang mit den Mitarbeiterinnen und Mitarbeitern. Ihr Lieblingsneffe Richard wird zum kreativen Kopf des Unternehmens. Sein legendärer „Teddy", benannt nach dem damaligen Präsidenten Theodore Roosevelt, der „Bär 55 PB" (der Name des Bären bedeutet, dass er 55 Zentimeter groß, aus Plüsch – in diesem Fall aus Mohairplüsch – und, erstmals, beweglich ist), wird auf der Leipziger Spielemesse präsentiert. Quasi in letzter Minute kauft ein amerikanischer Händler die gesamte Kollektion von 3.000 Stück auf. Das Folgemodell, der „Bär 35 PB", wird zum Verkaufsschlager und auf der Weltausstellung 1904 in St. Louis gewinnt Margarete Steiff den Grand Prix. In Amerika tritt der Teddybär seinen Siegeszug an. 1907 stellen 400 festangestellte Mitarbeiter*innen zusammen mit 1.800 Heimarbeiterinnen 974.000 Bären her. Mit 61 Jahren stirbt Margarete an einer Lungenentzündung. Ihr Motto „Für Kinder ist nur das Beste gut genug", ist zum Leitspruch des Familienunternehmens geworden.

Die heute noch in Familienbesitz befindliche Firma wurde 2018 mit dem Disney Heritage Award ausgezeichnet.

Ruth Handler

Gründerin der Barbiedynastie

4. November 1916
bis 27. April 2002

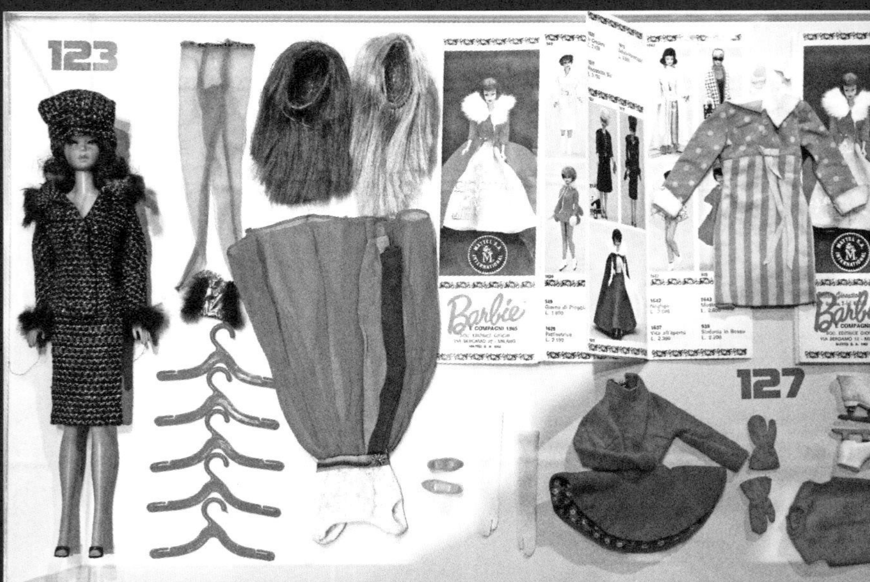

Mädchen der 60er und 70er Jahre hatten mindestens eine, träumten sich in Ball- und Cocktailkleider, modellierten ihr zukünftiges Erscheinungsbild – Germany's Next Topmodel begann im Kinderzimmer. Wir sprechen von der Puppe, die nichts mehr mit einer Schmusepuppe gemeinsam hat. Es war die Geburt eines die Mädchengenerationen prägenden Spielzeugs, der Barbiepuppe. Es blieb nicht nur bei dieser Figur, sie bekam einen Mann, Ken, Kinder, ein Haus, Auto, Flugzeug, die Barbiewelt entstand als Parallelwelt in den meisten Kinderzimmern … Und es war die Geburtsstunde der Firma Mattel mit einer Frau an der Spitze des Unternehmens: Ruth Handler.

Als ihr Vater mit seiner Familie vor den Pogromen gegen die jüdische Bevölkerung aus Polen nach Amerika auswanderte, dachte die Jüngste von zehn Kindern nicht daran, ein Weltunternehmen zu gründen. Der amerikanische Traum begann mit der Heirat mit ihrem Collegekollegen Elliot Handler. Er praktisch begabt, sie die Ideenbringerin. Sie arbeitete bei den Paramount Studios als Sekretärin, er entwarf nach dem Besuch einer Kunstschule Beleuchtungskörper und baute für ihr Heim die Möbel. Die gelangen ihm so gut, dass Ruth ihn zum Verkauf derselben anregte und sie in ihrem neu gegründeten Möbelgeschäft Mattel Creations, benannt nach Elliot Handler und seinem Partner Harold Matson, vertrieb. Auf Ruth Handlers Anregung hin bauten sie und ihr Mann Puppenmöbel und legten mit einem Spielzeugklavier und einer Spielzeugukulele den Grundstein für Amerikas größten Spielzeughersteller. Wie wichtig Werbung und Marketing sind, stellten sie mit der Verbindung zu Disney unter Beweis. Gezielt machten sie in der Fernsehsendung des Mickey Mouse Clubs von 1955 für ihre Produkte Werbung. Schnell beauftragte man Mattel damit, Merchandising-Produkte für den Club herzustellen, und vergab eine Lizenz an Mattel, welche einige Zeit später erneuert werden sollte.

Noch war es damals ein Novum, auf diese Art Werbung zu machen. Messen waren das Gebot der Stunde, um neue Produkte vorzustellen. So geschehen auch mit der brandneuen Barbiepuppe.

Ihre Tochter brachte Ruth Handler auf die Idee, eine Modepuppe zu entwickeln. Sie beobachtete, dass ihre Tochter nicht mit den altersadäquaten Puppen spielte, sondern solche mit modischen Accessoires bevorzugte. Hierbei handelte es sich um Puppen aus Papier, die mit unterschiedlichen Kleidern angezogen werden konnten.

1958 entdeckte Ruth Handler bei einem Europaurlaub in einem Schaufenster eine Puppe namens „Lilli", die „Bild-Lilli". Diese war eine Comicfigur in der Boulevardzeitung „Bild", die dann in ein dreidimensionales Modell mit Ausstattung abgeformt wurde. 130.000 Stück davon wurden in Deutschland verkauft.

1964 erwarb Mattel dann die Rechte und der Verkauf musste in Deutschland eingestellt werden. Die „Bild-Lilli" wurde das Vorbild für Barbie, die berühmteste Puppe der Welt, und ist daher heute noch ein Begriff.

1959 rümpfte man auf der Messe noch die Nase ob solchen Spielzeugs, diejenigen wurden aber einer Besseren belehrt, denn in den ersten acht Jahren verkaufte sich die Barbiepuppe so gut, dass sie fünfhundert Millionen Dollar einbrachte. Der Name Barbie – die Puppe wurde nach Ruth Handlers Tochter Barbara benannt – sowie ein paar technische Details wurden urheberrechtlich geschützt. „Ich habe die Barbiepuppe nicht eigenhändig geformt oder ihre Kleider genäht. Ich habe lediglich die technischen Details festgelegt und alles genehmigt, aber die manuelle Arbeit haben die anderen gemacht. Ich bin für den Entwurf des Verfahrens zuständig und beauftrage dann Ingenieure und Techniker, es auszuführen. Die Patente tragen dann schließlich ihren Namen und die Rechte werden an die Firma abgetreten. Der Chef muss wissen, wie das Produkt am Ende aussehen soll (...)"

1948 bis 1967 war Ruth Handler Vizepräsidentin von Mattel Inc., von 1967 bis 1973 Präsidentin. Ihrer Position entsprechend hatte sie in anderen Unternehmen unterschiedliche verantwortungsvolle Posten inne und war an den verschiedenen Universitäten als Gastprofessorin tätig. Die Frauenbewegung der 70er Jahre hatte sich noch nicht bis in die Vorstandskreise herumgesprochen, Frauen waren dort nur selten vertreten. Geschäfte wurden in den Männerclubs gemacht. „Ich erinnere mich noch, wie es war, als eine Maklerfirma einmal in einem privaten Club eine Zusammenkunft mit ihren Kunden abhielt. Kaum waren mein Mann und ich angekommen, da stürzten sich je zwei Männer von der Maklerfirma auf uns und schleppten meinen Mann in die eine Richtung davon und mich in eine andere. Ich wurde durch die Küche, an deren Mülltonnen vorbei und durch einen Korridor auf der Rückseite des Hauses geführt. Schließlich landete ich im Konferenzraum, wo mein Mann schon seit fünf Minuten saß. Da merkte ich, dass ich heimlich in den Raum geschmuggelt worden war, unter Verletzung der Clubregeln, denn hier war Frauen der Zutritt nicht gestattet. Und dabei war ich die Hauptreferentin, Präsidentin der Firma und obendrein der Ehrengast!"

Unter der Führung des Ehepaars Handler erlebte die Firma Höhen und Tiefen, gigantische Erfolge hatten sie mit den Produkten „Barbie and Family" und den schnellsten Autos der Spielzeugindustrie ,den „Hot Wheels" (1968), oder mit der Actionfigur „Big Jim" (1972).

1975 verließ das Ehepaar Handler Mattel – neben den finanziellen Schwierigkeiten war bei Ruth Handler Brustkrebs diagnostiziert worden. „Entweiblicht", wie sie selbst sagte, zog sie sich aus der Firma zurück. Gibt eine Frau wie Ruth Handler so leicht auf? Auf der unerfüllten Suche nach einer geeigneten Brustprothese nahm sie ihr Schicksal selbst in die Hand und entwickelte mit einem Prothetikhersteller und einigen Mattel-Technikern eine Serie von Brustprothesen unter dem Namen „Nearly me". Ihre neue Firma hieß Ruthton, Inc.

Mattel Inc. war von mehreren Produktrückrufen betroffen, die dem börsennotierten Unternehmen neben einem Imageverlust auch finanziellen Schaden zufügten. Von 2016 bis 2018 stand wieder eine Frau in der Unternehmensgeschichte der Firma Mattel, die zu den größten Spielzeugherstellern der Welt gehört, an der Spitze: Ex-Google-Managerin Margaret Georgiadis. Nun hat wieder ein Mann die Geschicke von Barbie und Ken übernommen – Ynon Kreiz. Wir können gespannt sein, wie lange.

Beate Rotermund-Uhse

Die Tabubrecherin

5. Oktober 1919
bis 16. Juli 2001

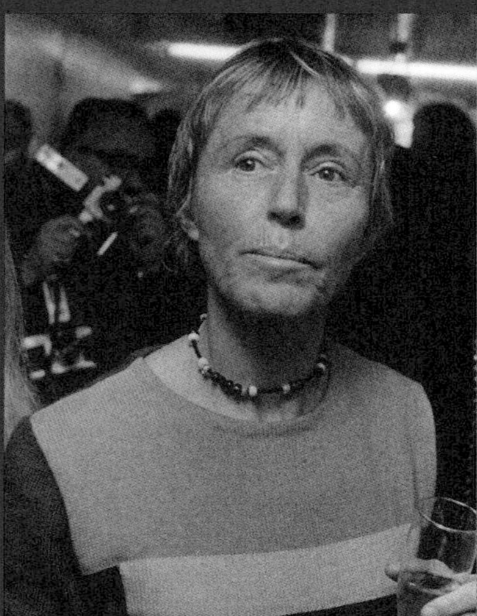

„Beate Uhse, die Frau im Männerberuf, die 70 verschiedene Flugzeugtypen fliegen konnte, hat heute 70 verschiedene Vibratorentypen im Programm (stufenlos regelbar und batteriebetrieben)." So in einem „Emma"-Artikel, der die Berufe von Beate Uhse in Kürze zusammenfasste.

Beate Uhse gründete 1962 in Flensburg den ersten Sexshop der Welt. Das sogenannte „Fachgeschäft für Ehehygiene". Es sollte der Anfang eines börsennotierten (seit 1999) Unternehmens dieser geschäftstüchtigen Frau und Unternehmerin sein. Und das allen moralischen, christlichen und feministischen Widerständen zum Trotz.

Ihr Credo lautete: „Würden wir triebgemäß zeugen, wäre es heute keinem Elternpaar möglich, seinen Kindern ein anständiges, menschenwürdiges Leben und eine entsprechende Erziehung zukommen zu lassen. Es entsteht daher für uns die soziale Pflicht, die Befriedigung des Sexualtriebes von der Zeugung scharf zu trennen."

Das mag zu Beginn ihrer Laufbahn gestimmt haben. So avancierte sie zur Sexratgeberin und Sexaufklärerin, verkaufte ihre berühmte aufklärerische „Schrift X" (1947 gegründet) mit der „Kalendermethode" tausendfach und begann, damit Geld zu verdienen. Da schreiben wir das Jahr 1948, die Pille war noch nicht erfunden, Männer kehrten aus dem Krieg heim und Schwangerschaften waren nicht immer willkommen. Vierzig Jahre später und um ein Seximperium reicher, ergibt sich schon ein anderes Bild der Unternehmerin Uhse in der Öffentlichkeit.

Harsch wird Beate Uhse in dem „Emma"-Artikel von März 1988 kritisiert. „Beate Uhse ist eine Emanze. Eine, die sich auf Kosten von Frauen emanzipiert und es mit Kerlen hält. Eine, die alles kann und alles tut. Eine, die immer dabei ist. An vorderster Front. Seite an Seite kämpft sie mit den Kameraden. Im Nazi-Krieg wie im Sex-Krieg. Gestern mit Bomben. Heute mit Pornos." Auf dem Höhepunkt ihrer Karriere errichtete sie 1996 in Berlin das Beate Uhse Erotik-Museum, heute ist es geschlossen. Seit dem Internet geht es dem Konzern nicht gut, die Aktienpreise sinken. Covid- 19 hält die Welt in Atem, ein Härtefall für viele Unternehmen, doch für den Onlinehandel der Sexindustrie das „Virus der Stunde" und somit des wirtschaftlichen Aufschwungs.

Beate Uhse wuchs in Ostpreußen mit zwei Geschwistern auf. Ihre Mutter, eine der ersten promovierten Ärztinnen in Deutschland, war Beates großes Vorbild. Sie klärte ihre Tochter schon früh auf und unterstützte diese in ihrem Wunsch, Pilotin zu werden. Nach der Matura an einer Hauswirtschaftsschule hielt Beate

Uhse an ihrem 18. Geburtstag den Flugzeugführerschein A2 in Händen, in weiterer Folge machte sie noch den Kunstflugschein. Sie heuerte bei der Firma Bücker Flugzeugbau an, flog deren Maschinen, reparierte oder überstellte sie, nahm an Wettbewerben teil oder agierte als Double in Filmen. 1939 heiratete sie ihren Fluglehrer Hans-Jürgen Uhse, 1943 kam der Sohn Klaus zur Welt. Ihr Einsatz als eine von vier Pilotinnen für das Hitlerregime war ebenso legendär und umstritten wie ihr Einsatz für die Legalisierung von Pornografie. Verwitwet, heiratete sie 1949 den Kaufmann Ernst-Walter Rotermund, der seinen Sohn Dirk mit in die Ehe brachte, ein weiterer Sohn, Ulrich, wurde 1949 geboren. Die Ehe wurde 1972 geschieden.

1951 gründete Beate Uhse ihren Erotik-Versandhandel mit vier Angestellten. Die Produktpalette war noch sehr überschaubar: Kondome und ihre Zeitschrift. 1962 eröffnete sie ihren weltweit einzigartigen Sexshop in Flensburg. Die Gesellschaft reagierte, es hagelte Anzeigen. Die juristischen Konsequenzen blieben nicht aus. Bis 1992 sind 2.000 Anzeigen gegen Beate Uhse wegen „Beihilfe zur Unzucht" eingereicht worden. Als sie die Mitgliedschaft in einem Tennisclub beantragte, wurde ihr diese verweigert. Also baute sie sich einen eigenen.

Werbewirksam unterstützte sie 1970 das „Love-and-Peace-Festival" mit der Gratisverteilung von Kondomen. Nach dem Motto „Freie Liebe gut und schön, aber mit Kondom!" 1975 wurde Pornografie in Deutschland legalisiert. Eine neue Sparte, die des Filmverleihs und der VHS-Kassetten, erweiterte das Sexangebot. „Sexualgymnastische Übungen in Glanzpapierheften, Filmen oder auf Videokassetten", so Beate Uhses Definition für Pornografie. Sex sells! Und wie, denn als die Geschäftszweige zwischen den Söhnen aufgeteilt wurden, entstand 1981 der Versandhandel Orion. Beate Uhse blieb bis zum Schluss in ihrem Unternehmen, das die Läden und den Großhandel umfasste, tätig. 2001 verstarb sie in der Schweiz an einer Lungenentzündung.

Mit dem Bundesverdienstzeichen am Bande in Händen (1989), resümierte sie rückblickend, dass sie es als Frau und Mutter in dieser Branche leichter hatte, denn Männer wären sofort verurteilt worden. Das Credo ihres Unternehmens war: „Menschliches Glück und körperliche wie seelische Harmonie im Bereich der Sexualität zu finden."

Die gläserne Decke wird brüchig

Lange Zeit war es Frauen nicht möglich, n oberste Vorstandsetagen vorzudringen. Geschweige denn in einem Weltkonzern wie Lockheed oder General Motors. Und doch haben es manche geschafft. Nicht als Quereinsteigerinnen, sondern kontinuierlich hatten sie unterschiedliche Positionen im Konzern inne.

So auch Marillyn Hewson (27. Dezember 1953),

die ab 2013 Vorstandsvorsitzende war und ab 2014 als Vorsitzende des Verwaltungsrates an der Spitze von Lockheed Martin stand. Hewson, eine studierte Wirtschaftsingenieurin, arbeitete damals seit 31 Jahren für den Rüstungskonzern. Erst im Juni 2020 trat sie als CEO ab, blieb aber Vorstandsvorsitzende. Im „Fortune Magazine" rangierte sie 2019 auf Platz eins von fünfzig weiblichen Führungskräften. Unter ihrer Führung machte das Unternehmen historische Höchstgewinne. Ihre Anerkennung musste sie sich im Unternehmen erarbeiten, groß waren die Bedenken gegenüber einer weiblichen Führungskraft.

Dass in einem Autoweltkonzern mehr Frauen an der Spitze stehen, ist eine der großen Ausnahmen weltweit. Im Aufsichtsrat von General Motors (GM) sitzen sechs Frauen und fünf Männer. GM ist damit der einzige Autohersteller weltweit mit mehr Frauen in Führungspositionen als Männer. Diese Frauen haben nichts mit den Car-Girls, tief dekolletiert und in einem Minirock, der einem größeren Gürtel gleicht, gemeinsam. Sie präsentieren nicht, sie repräsentieren und führen einen Weltkonzern.

Mary Barra (24. Dezember 1961)

Sie ist seit dem 15. Jänner 2014 Vorsitzende und CEO der General Motors Company und ist zugleich die erste weibliche CEO eines großen Autoherstellers. Sie begann schon früh bei General Motors zu arbeiten und lernte so das Unternehmen aus unterschiedlichen Perspektiven kennen. Sie studierte am General Motors Institute Elektrotechnik. Mary Barra übernahm das Unternehmen in Krisenzeiten, legte sich mit Präsident Trump wegen der Schließung von Konzernstandorten an und setzte sich für die Gleichstellung von Frauen und deren gleiche Bezahlung ein.

In Österreich sind Frauen in Vorständen kaum zu finden. In 191 Vorständen in börsennotierten Unternehmen sind aktuell nur 14 Frauen vertreten. 177:14! Das geht aus dem „EY Mixed Leadership Barometer Österreich" des Beratungsunternehmens EY hervor.

„Wenn die Zahl der Frauen weiter im Tempo der letzten Jahre von unter einem Prozentpunkt steigt, wird es bis zum Jahr 2073 dauern, bis in den Vorstandsgremien 50 Prozent Frauen und 50 Prozent Männer sitzen", kommentierte Helen Pelzmann, Partnerin (EY Law) und Verantwortliche der Initiative „Women. Fast Forward" bei EY Österreich, die Ergebnisse.

Die Frau, die es als Erste in den Vorstand der Casinos Austria AG geschafft hat und die erste weibliche Generaldirektorin ist, gibt im folgenden Interview Einblicke in ihren Karriereweg.

Mag.ª Bettina Glatz-Kremsner

Die netzwerkende Generaldirektorin

30. September 1962

Das persönliche Interview

Sie sind seit 1. Mai 2019 erster weiblicher Generaldirektor der Casinos Austria AG und Vorstandsvorsitzende der Österreichischen Lotterien GmbH und haben – ebenfalls als erste Frau – den Vorsitz des Aufsichtsrats der EVN inne. War dieser (Karriere-)Weg geplant oder hat sich Ihre Laufbahn situationsbezogen entwickelt? Hatten Sie jemals „geplant", „die Erste" zu werden?

Ich bin davon überzeugt, dass man seinen Weg und das Leben nicht planen kann und soll, denn sonst übersieht man sehr oft neue Wege, die sich auftun, und die damit verbundenen spannenden und oftmals herausfordernden Chancen. Aber ich bin auch davon überzeugt, dass man sich Ziele setzen und Visionen in seinem Leben verfolgen muss. Ich habe stets Visionen gehabt und mich dorthin entwickelt, wo meine Passionen gefördert wurden.

Somit „Jein": Geplant habe ich nicht, „die Erste" zu werden. Das Wort „Laufbahn" trägt es schon in sich – den Weg läuft man und gelegentlich beschreitet man dann eben auch neue, unbekannte Wege, traut sich etwas und kommt dadurch weiter voran. Dazu braucht man natürlich schon auch Mut – denn Angst ist niemals ein guter Ratgeber. Es ist ein schönes Gefühl, auf so eine Laufbahn zurückzublicken. Es ist schön, die erste Frau an der Spitze von Casinos Austria und Vorsitzende des Aufsichtsrates der EVN zu sein.

War es also mein konkretes Ziel, da zu sein, wo ich jetzt bin? Nein. Damit meine ich aber dennoch nicht, dass ich heute an einem Ort bin, an dem ich mich unwohl fühle oder nicht sein möchte, ganz im Gegenteil. Es war aber eben nie mein Hauptziel. Denn Ziele im Leben sind eben, privat wie beruflich, kein starres Gebilde und verändern sich stetig. Sie mutieren, verschieben und reformieren sich und können auch zu ganz neuen Zielen werden. Generaldirektorin war nicht mein erklärtes Ziel. Dennoch hatte ich schon die Ambitionen, die Disziplin und auch den Wunsch in mir, in eine Position zu kommen, in der ich gestalten kann. Ich bekam die Chance zu meiner Tätigkeit bei den Lotterien, wo ich ja begonnen habe, Agenden von Casinos Austria zu übernehmen, Synergien auszumachen und unternehmensübergreifend zu arbeiten. Es ist auch wichtig, aufzuzeigen und „Ja" zu Chancen zu sagen!

Wenn man dann das Gefühl hat, dass die Richtung stimmt und man auch in diese konsequent gehen will, dann bedarf es zusätzlich eines Mix an Eigenschaften – Ehrgeiz, Konsequenz, Willenskraft, Flexibilität, das Ausbrechen aus der Komfortzone, um nur einige zu nennen – und auch eines großen Vertrauens in sich selbst. Man darf dabei natürlich nie vergessen, dass immer auch das notwendige Quäntchen Glück dazugehört, dass man zur richtigen Zeit am richtigen Ort ist.

Aber: Eine Frau an der Spitze ist auf dem Weg dorthin auch mit vielen Herausforderungen konfrontiert, ganz unabhängig von ihren Fähigkeiten. „Die Erste" zu sein – und das muss man sich auch immer vor Augen halten – hat auch mit Verzicht und Risiken zu tun. Es gibt im Leben für alles einen Preis. Wenn man gewillt ist und von sich überzeugt, dann kann man unglaublich viel erreichen. Daher sage ich es genauso wie Männer in vergleichbaren Positionen – ich bin sehr dankbar, dort zu sein, wo ich bin. Auch wenn ich diesen Weg so nicht geplant habe, habe ich in jeder Lebensphase die positiven und negativen Schritte als wichtige Erfahrung mitgenommen.

Sie haben vor dreißig Jahren Ihre Karriere in einer absoluten Männerbastion gestartet. Gab es geschlechterbezogene Herausforderungen oder Erschwernisse in Ihrer Laufbahn?

Bevor ich auf Ihre Frage eingehe, möchte ich etwas vorausschicken bzw. auch zu bedenken geben, was, glaube ich, sehr wesentlich und wichtig vor allem für mich in meiner Entwicklung als Frau und in Bezug auf mein Selbstverständnis war. Ich glaube, dass die teils unbewusste Voreingenommenheit unserer Gesellschaft das größte Problem darstellt, das uns von einer möglichen Geschlechtergerechtigkeit abhält. Ich habe meine Kindheit und Jugend in Ungarn, im damaligen kommunistischen Ungarn, verbracht und dort erlebt, dass Frauen ihren Weg gehen, Karriere machen können und im Berufsleben uneingeschränkte Akzeptanz erleben. Es gab dort nicht diesen spürbaren Unterschied zwischen Mann und Frau, vor allem, was die Karrieremöglichkeiten betrifft. Dieses geprägte Bild, als Frau beruflich dieselben Chancen und auch dieselben Erfolge zu haben wie ein Mann, war sicher einer der Grundsteine für meine

Laufbahn. Ich habe ganz einfach nie hinterfragt, ob es in Ordnung ist, wenn ich als Frau diese oder jene Position bekleide, oder ob ich mehr dafür kämpfen muss. Es hat also nicht nur mit Vorstellungen von anderen zu tun, sondern auch mit uns selbst und unserem eigenen Rollenverständnis.

Nun zu Ihrer Frage: Ich stand natürlich vor vielen Herausforderungen und mein Karriereweg war nicht immer ein einfacher. Aber: Das alles hatte nichts mit der Mann-Frau-Thematik zu tun. Herausforderungen wachsen mit dem Umfang der Verantwortung und eben diese Verantwortung wurde in meiner Laufbahn größer und größer. Mir war und ist es wichtig, vor Herausforderungen nicht zurückzuschrecken, immer weiterzumachen, stets das Beste zu geben und nicht aufzugeben. Ich habe natürlich auch Rückschläge erlebt, ich habe sie akzeptiert und analysiert, Erkenntnisse daraus gezogen und auf diese Art sogar etwas Positives für die Zukunft mitgenommen und versucht, nach einem Rückschritt wieder konsequent nach vorne zu gehen.

Es ist mir natürlich bewusst, dass es geschlechterbezogene Herausforderungen und Unterschiede gibt. Das will ich nicht leugnen oder schönreden, aber ich denke doch, dass es sehr viel mit einem selbst und seinem persönlichen Zugang zu Themen wie Verantwortung, Selbstbewusstsein, Risiko und dem Willen, in den Wettbewerb einzusteigen, zu tun hat. Frauen stehen Männern in nichts nach und es fällt mir auch nichts ein, was sie besser könnten als wir. Man darf sich nicht von der sogenannten gläsernen Decke abschrecken lassen und sich kleiner machen, als man ist. Es ist wichtig und essenziell, seine eigene Leistung wertzuschätzen, sich auch zu trauen, faire Ansprüche zu stellen und seine Frau zu stehen – dann wird man auch so wahrgenommen und es eröffnen sich plötzlich Chancen. Zusätzlich ist es natürlich von Vorteil, in einem Unternehmen zu arbeiten, das bei diesem Thema sehr aufgeschlossen ist. Hierauf lege ich auch meinen persönlichen Fokus als Generaldirektorin – vor allem engagierten, selbstbewussten Frauen, die wissen, was sie wollen, Chancen zu bieten.

Sehen Sie in Ihrem Bereich die Chancengleichheit für alle Geschlechter bereits umgesetzt und gelebt?

Ich würde diese Frage gerne zweigeteilt beantworten. Nehmen wir zum Ersten den Bereich der Unternehmensgruppe Casinos Austria und Österreichische Lotterien. Hier beschäftigen wir in allen Ebenen sowohl Frauen als auch Männer, Entscheidungskriterien sind ausschließlich Eigenschaften wie Qualifikation, Ausbildung, Auftreten und Erfahrung – niemals das Geschlecht, wie ich bereits vorhin erwähnt habe, es gibt keine beruflichen Aufgaben, die ein Geschlecht besser kann als das andere. Es ist uns, und es ist mir, ganz besonders wichtig, dass Frauen den Mut haben, „nach vorne zu drängen", und dazu sollen sie in unserer Unternehmensgruppe die Möglichkeit haben und ermutigt werden. Daher haben wir in der Vergangenheit bereits zahlreiche Initiativen gestartet, um Kolleginnen zu inspirieren, einen Schritt weiter zu gehen. Chancengleichheit ist mir ein großes Anliegen und auch das Verständnis für und das Bild von Frauen in Führungspositionen vorzuleben und zu einer gewissen „Natürlichkeit" zu entwickeln. Viele Frauen sehen sich auch heute noch oft im Zwiespalt zwischen der Rolle als Mutter oder einem anderen sozialisierten Rollenbild und dem beruflichen Sein. Wir vermitteln unseren Mitarbeiterinnen, dass sich Beruf und Familie sehr wohl vereinbaren lassen und dies auch eine bereichernde Wirkung auf beide Bereiche mit sich bringt. Bei entsprechendem Wunsch und Willen zur Weiterentwicklung forcieren wir aktiv, den nächsten Karriereschritt gemeinsam zu gehen.

Natürlich muss man hier aber erwähnen, dass einige Karriereschritte für Frauen bei uns im Headquarter leichter zu verwirklichen sind als im terrestrischen Angebot, also in unseren Casinos. Wenn Sie den Spielbereich in den Casinos per se als Männerdomäne bezeichnen, dann stimmt das sicherlich auch heute noch und ist vor allem historisch und auch aufgrund von gesetzlichen Vorgaben gewachsen. Denn bis zum Jahr 2006 gab es ein Nachtarbeitsgesetz, das es Frauen unmöglich gemacht hat, als Croupièren zu arbeiten – es war schlicht verboten. Daher waren Frauen hauptsächlich im administrativen Bereich tätig. Doch diese Männerbastion ist mit dieser längst überfälligen Gesetzesänderung gefallen und wir konnten ab diesem Zeitpunkt mit unserem Ausbildungsprogramm für Frauen für den Spielbereich beginnen. Jede Frau hat das Recht, den Job auszuüben, den sie möchte, ohne aus nicht nachvollziehbaren Gründen hinter einem Mann zurückstehen zu müssen, und dafür steht unsere Unternehmensgruppe.

Den zweiten Teil sehe ich in meinem Bereich des Top-Managements in Österreich, unabhängig von unserem Unternehmen. Auch hier hat sich in den vergangenen zehn, zwanzig Jahren viel in Richtung Chancengleichheit getan. Gott sei Dank, denn Frauen in Spitzenpositionen bringen oft andere Qualitäten und andere Sichtweisen mit als Männer. Das heißt jetzt nicht, dass das eine besser und das andere schlechter ist. Es erhöht nur die Vielfalt an Prozessen der Entscheidungsfindung, von Mitarbeiter- und von Unternehmensführung.

Ich freue mich sehr darüber, dass viele österreichische Unternehmen, kleinere wie auch größere, den Wert und die Bedeutung von Frauen im Top-Management erkannt haben und – bei gleicher Qualifikation – vermehrt auf Frauen setzen. Auch wenn die theoretische Chancengleichheit die praktische Umsetzung noch nicht vollkommen gefunden hat, so sind wir in Österreich auf einem guten Weg. Ich bin mir auch meiner Verantwortung bewusst, dass ich das Verständnis von Frauen in Spitzenpositionen mitgestalte und Teil eines neuen Rollenverständnisses sein darf.

Gab es Vorbilder und/oder Mentorinnen/Mentoren für Ihren Berufswunsch? Wenn ja, welche?

Da ich nicht den klassischen Berufswunsch, wie zum Beispiel „Ärztin", hatte, hatte ich auch Vorbilder in diesem Sinne nicht. Mein Ziel war es, beruflich mein Wirtschaftsstudium nutzen zu können, idealerweise in Kombination mit meiner Kenntnis der ungarischen Sprache. Und da hatte ich das große Glück, meine Idealvorstellung verwirklichen zu können. Die Österreichischen Lotterien bauten ein Geschäftsfeld in Ungarn auf. Das war ein unglaublich spannendes Betätigungsfeld. Die Kooperation mit Ungarn fand dann einige Jahre später ein politisch bedingtes Ende. Dafür taten sich andere Türen auf: Casinos Austria und die Lotterien rückten näher zusammen, es entstand eine Unternehmensgruppe, mit neuen Chancen auch für mich. Im unmittelbaren Umfeld des damaligen Generaldirektors Dr. Leo Wallner, den man sozusagen als meinen beruflichen Mentor in der Unternehmensgruppe bezeichnen könnte, habe ich sehr viel gelernt: von Unternehmensführung über Mitarbeitermotivation, Kundennähe und Verhandlungsgeschick bis hin zu Konsequenz und klaren Entscheidungen. Er war zwar nicht der klassische Mentor im Sinne eines Mentoring-Programms, aber er hat mir doch erst indirekt den Weg für meine berufliche Zukunft bereitet.

Umfassend betrachtet gibt es für jede Lebensphase und jeden Wegabschnitt Vorbilder. Im Leben benötigt man nicht nur einen Mutmacher, eine Inspirationsquelle, sondern zum richtigen Zeitpunkt die richtigen Role Models und Förderer mit ähnlichen Haltungen und Qualitätsansprüchen, über die man gerne reflektiert und nachdenkt, um die richtigen Schlüsse für sich zu ziehen. Ich habe mich immer – vor allem in meiner beruflichen Anfangszeit, als ich wieder in Österreich war und mich bewusster mit Geschlechterunterschieden konfrontiert sah – an jenen ungarischen Frauen und deren Selbstverständnis orientiert, wie ich sie in meiner Jugend kennengelernt hatte. So aufwachsen zu können war für mein Mindset eine großartige Bereicherung und auch ein hervorragendes Fundament für mein berufliches Selbstverständnis als Frau.

Für wie wichtig halten Sie Netzwerke auf dem Karriereweg? Männerbünde funktionieren wunderbar. Das zeigt uns immer wieder die Geschichte. Wie sieht es hier mit weiblichen Netzwerken aus: Gibt es mehr Konkurrenz als Kongruenz?

Netzwerke sind auf jedem Karriereweg ein wichtiger und essenzieller Bestandteil – nicht nur für Männer! Wie Männerbünde funktionieren weiß ich nicht, aber was ich weiß, ist, dass Frauennetzwerke, aber auch Netzwerke mit hoher Diversität heutzutage an Relevanz gewinnen. Was sicherlich stimmt, ist dass Männer klassische Netzwerke historisch schon länger nutzen als Frauen und Frauen noch bewusster das gegenseitige Unterstützen in den Vordergrund stellen müssen. Auch das Netzwerken an sich unterzieht sich durch mehr Frauennetzwerke einem Wandel – es muss nicht unbedingt das Mittagessen oder das After Work sein. Netzwerken kann man auch beim Morgensport, im Büro in der Küche oder bei einem gemeinsamen Besuch eines Vortrags.

Wichtig ist meiner Meinung nach einfach, dass es authentisch und unverkrampft ist: Alles kann, nichts muss.

Je mehr Menschen man kennt und kennenlernt, umso mehr Input und Inspiration kann man bekommen, aber auch geben, und umso eher erweitert sich das eigene Mindset. Man lernt, andere Sichtweisen zu schätzen und über seinen Horizont hinaus zu denken sowie eigene Standpunkte zu reflektieren. Weiterentwicklung darf niemals eine Einbahnstraße sein und so ist es auch mit Netzwerken – wer nur nimmt, wird am Ende auch nicht viel für sich mitnehmen können. Ehrlicher Austausch, konstruktive Kritik und eine langjährige Vertrauensbasis sind Fundamente eines guten Netzwerks – es zählt Qualität statt Quantität.

Daher bin ich der Überzeugung, dass Frauen noch mehr als Männer von einer guten Vernetzung profitieren können. Viele Frauen haben den Anspruch an sich selbst, Beruf und Familie gleichermaßen gut zu managen und nichts zu vernachlässigen. Da kann es natürlich helfen, sich von anderen etwas abzuschauen und zu sehen, wie andere eine gute Balance halten. Ich war öfters in der Situation und habe mir gedacht: „Wow, warum ist mir das noch nicht eingefallen?". Ich denke, dass man nicht unbedingt Einzelkämpferin sein muss, dass gegenseitige Unterstützung etwas sehr Wertvolles ist. Das Rad muss nicht ständig neu erfunden werden, warum also nicht aus den Learnings von anderen profitieren? Es ist auch schön und wichtig, zu sehen, dass andere ähnliche Herausforderungen meistern und man nicht allein ist – sich darüber ehrlich auszutauschen, tut gut und relativiert sehr viel.

Das ist u. a. einer der Gründe, weshalb wir bei Casinos Austria unterschiedliche Networking-Formate unterstützen. „Ladies Afterwork" und „Frau in der Wirtschaft" sind hier nur zwei Beispiele. In regelmäßigen Abständen kommen interessante und inspirierende Persönlichkeiten zusammen, erzählen aus ihrem Leben, von Herausforderungen und Misserfolgen und wie sie es geschafft haben, erfolgreich ihren Weg zu gehen. Bei solchen Austauschevents kann man sich sehr viele Gedankenanstöße mitnehmen, neue Kontakte knüpfen und von den Erfahrungen anderer profitieren und auch andere für das eigene Tun begeistern. Ich finde das sehr wichtig und bin eine leidenschaftliche Unterstützerin.

Lassen Sie mich am Schluss über die Wichtigkeit von Netzwerken einen Vergleich ziehen: Solidarität schafft Vertrauen. Konkurrenzverhalten kann einsam machen.

Wie haben Sie es geschafft, Karriere und Privatleben/Familie zu vereinen? Diese typische Frage stellt man nur Frauen. Warum wird sie immer noch Frauen gestellt?

Ich kann nicht behaupten, dass es immer einfach war, Familie und Beruf unter einen Hut zu bekommen. Das liegt aber nicht an meiner Familie – ich habe hier immer jegliche Unterstützung bekommen, um meinen Berufsweg so gestalten zu können, wie ich es mir vorgestellt habe. Für diese Unterstützung bin ich unglaublich dankbar. Ich habe gelernt, die Zeit mit meiner Familie noch mehr zu genießen, zu schätzen und dabei Kraft zu sammeln und mir auch wirklich Auszeiten von Handy und E-Mails zu nehmen. Wir haben uns daher gemeinsam Orte der Ruhe und Rituale geschaffen, die wir bis heute pflegen. Sei es ein Abendessen, ein gemeinsames Wochenende oder ein Konzertbesuch. Wir haben schnell gelernt, dass die familiäre Harmonie eine Frage von Qualität und nicht so sehr von Quantität ist. Und im Großen und Ganzen, wenn ich mir meinen Sohn heute ansehe, denke ich, dass ich trotz mancher Herausforderungen im Laufe der Jahre doch vieles richtig gemacht habe und wir stolz sein können auf das, was wir gemeinsam als Familie geschaffen haben.

Dass in erster Linie Frauen danach gefragt werden, wie sie Beruf und Familie vereinbaren, hat wohl historische Gründe. Aber das Rollenbild hat sich – Gott sei Dank – in den letzten Jahren stark verändert, heute haben Frauen viel mehr Möglichkeiten als noch vor zwanzig oder dreißig Jahren – das ist auch sehr wichtig. Ich rate immer dazu, an sich selbst zu glauben und hart zu arbeiten. Wenn man den eigenen Fähigkeiten traut und den Mut hat, seinen Weg zu gehen, dann kann man alles schaffen. Natürlich braucht es Menschen im Umfeld, auf die man sich verlassen kann und die einen bedingungslos unterstützen. Doch das Wichtigste ist und bleibt in meinen Augen der feste Glaube an sich selbst, aber auch die Bereitschaft, Hilfe anzunehmen, wenn man sie wirklich braucht.

Am Schluss als Gedankenanstoß: Familie gründet Frau nicht zum Selbstzweck, sondern im glücklichen Fall, weil beide Partner sich das wünschen, und daher teilt sich der Rest (Erziehung etc.) auch partnerschaftlich auf. Und wie bei allen Dingen im Leben muss man dann auch Kompromisse finden und gemeinsam den Weg gehen.

Von den Suffragetten in die Politik oder gebt den Frauen eine Stimme

Politik

Frauen in Parlament und Regierung

Beim Wahlrecht waren Frauen und Männer zu Beginn der Zweiten Republik grundsätzlich gleichgestellt, jedoch ist auch heute die politische Gleichberechtigung noch nicht komplett umgesetzt. Das Recht der Frauen, sich am politischen Geschehen gleichberechtigt zu beteiligen, war vor hundert Jahren nicht selbstverständlich. Mit der Einführung des allgemeinen Frauenwahlrechts 1918 wurde eine große Hürde genommen.

Davor lagen siebzig Jahre Kampf um die Gleichberechtigung, von der ersten Wahl eines Parlaments im Zuge der Revolution von 1848 bis zur Zuerkennung des allgemeinen Wahlrechts an die Frauen im Jahr 1918 wurden Frauen immer wieder aktiv, um ihre Rechte durchzusetzen.

In Österreich wurde 1848 als Folge der Revolution zum ersten Mal ein Parlament gewählt – selbstverständlich nur mit männlichen Mitgliedern. Mit der Reichsratswahlordnung von 1907 wurde das allgemeine und gleiche Wahlrecht der Männer umgesetzt, gleichzeitig jedoch mussten die wenigen privilegierten Frauen, die bis dahin das Wahlrecht hatten, ihr Stimmrecht abgeben. Trotz dieses Rückschlags ging der Kampf um die politische Teilhabe weiter. 1911 etwa fand in Wien anlässlich des Internationalen Frauentages auf der Ringstraße eine große Demonstration für das Frauenstimmrecht statt, an der sich auch zahlreiche Männer beteiligten. Die „Arbeiter-Zeitung" berichtete von 20.000 teilnehmenden Personen.

Am 11. und 12. Juni 1913 wurde in Wien eine internationale Frauenstimmrechtskonferenz abgehalten, die wiederum von Demonstrationen begleitet wurde. Doch der lange Kampf der Frauen um politische Mitbestimmung sollte erst nach dem Ende des Ersten Weltkriegs von Erfolg gekrönt werden.

Der Krieg verändert das Bild der Frau

Der Erste Weltkrieg brachte in den unterschiedlichsten Bereichen zum Teil fundamentale Veränderungen mit sich; dazu zählte auch die gesellschaftliche und wirtschaftliche Stellung der Frau. Als die Männer zum Kriegsdienst ausrückten, übernahmen viele Frauen Tätigkeiten, die zuvor meist von Männern ausgeübt worden waren – etwa als Schaffnerin oder Briefträgerin. An der Front wirkten sie als Krankenschwestern, im Hinterland kümmerten sie sich um Material- und Geldsammlungen sowie öffentliche Ausspeisungen im Kampf gegen den Hunger. All dies – einhergehend mit einem stärkeren weiblichen Selbstbewusstsein – fand letztlich auch seinen verfassungsrechtlichen Widerhall, als Frauen am 12. November 1918 das aktive und passive Wahlrecht zuerkannt wurde: In Art. 9 wurden die Grundsätze des Wahlrechts für die zu wählende Konstituierende Nationalversammlung festgelegt. Sie sollte „auf der Verhältniswahl und auf dem allgemeinen, gleichen, direkten und geheimen Stimmrecht aller Staatsbürger ohne Unterschied des Geschlechts" beruhen.

Seit dem Jahr 1919 dürfen alle Frauen wählen

Auf der Grundlage der in diesem Gesetz über die Staats- und Regierungsform von Deutschösterreich getroffenen verfassungsrechtlichen Anordnung beschloss die Provisorische Nationalversammlung am 18. Dezember 1918 das Gesetz über die Wahlordnung für die Konstituierende Nationalversammlung.

Bei der Wahl der Konstituierenden Nationalversammlung am 16. Februar 1919 gaben 82 Prozent aller wahlberechtigten Frauen und 86 Prozent der Männer ihre Stimme ab. Nicht wahlberechtigt waren zu diesem Zeitpunkt Prostituierte. Sie erhielten das Wahlrecht erst im Jahr 1923 (Quelle: Parlamentsblatt, parlament.gv.at).

Am 4. März 1919 zogen erstmals acht weibliche Abgeordnete ins Hohe Haus ein, womit die politische Gleichberechtigung der Frau in Österreich ihren ersten Kulminationspunkt erreichte. Insgesamt nahmen sieben Sozialdemokratinnen und eine christlichsoziale Abgeordnete an jenem Tag ihre parlamentarische Arbeit auf.

Die Anzahl an Parlamentarierinnen blieb in den folgenden Jahrzehnten allerdings sehr gering, auch in der Zweiten Republik sollte sich lange Zeit daran nichts ändern; erst ab den 1980er Jahren überschritt der Frauenanteil im österreichischen Nationalrat die 10-Prozent-Schwelle. In der 2019 zu Ende gegangenen Legislaturperiode waren rund 37 Prozent der Abgeordneten weiblich, was die Hoffnung auf weitere Fortschritte in der Gleichberechtigung nährt, die formalrechtlich zwar erreicht ist, aber faktisch noch weiterer Schritte bedarf.

Ist mit Brigitte Bierlein, der ersten Bundeskanzlerin Österreichs, die Gleichberechtigung der Geschlechter nun auch faktisch umgesetzt? Das ist mit Sicherheit zu hoch gegriffen, ein wichtiger Meilenstein in der politischen Realität des Landes bleibt die kurze Amtsperiode in jedem Fall. Wie oft kam es in der Geschichte schon vor, dass eine althergebrachte Konvention mit der vermeintlich natürlichen Ordnung der Dinge verwechselt wurde? In diesem Sinne kann der politische Meilenstein, der durch Brigitte Bierlein gesetzt wurde, ein Umdenken einleiten. Er kann zu einem wichtigen Exempel werden, ähnlich wie in Deutschland: Als Angela Merkel die politische Bühne der Bundesrepublik betrat, war es kaum vorstellbar, dass eine Frau die Kanzlerschaft übernehmen kann. Und doch hat es Helmut Kohls „Mädel", wie sie nicht nur von ihren politischen Gegnern abschätzig genannt wurde, geschafft, sich schon über 15 Jahre im Sessel zu halten und zu einem Fixpunkt in der Weltpolitik zu entwickeln. In all den Jahren wurde aus der vielfach unterschätzten ostdeutschen Physikerin eine der mächtigsten Frauen der Welt. Würde heute in einer Umfrage der Frage nachgegangen, ob eine Frau die Regierungsgeschäfte Deutschlands leiten könne, würde sich das Ergebnis deutlich von dem vor 15 Jahren unterscheiden.

Dr.^{in} Brigitte Bierlein

Die erste Bundeskanzlerin Österreichs

25. Juni 1949

Brigitte Bierlein, Doktorin der Rechtswissenschaften, wurde u. a. in einem Bericht in der Tageszeitung „Die Presse" vom 21. 2. 2018 als „stets die Erste" beschrieben. Brigitte Bierlein wurde 1949 in Wien geboren. Ihr Vater war Beamter, die Mutter hatte eine Kunstausbildung, ging allerdings keiner Erwerbstätigkeit nach. Als junge Frau wollte Bierlein eigentlich Kunst oder Architektur studieren, davon sollen ihr angeblich die Mutter und ihre eigene Vernunft abgeraten haben. So wurde es – die Rechtswissenschaft. In nur vier Jahren absolvierte sie das Studium und promovierte 1971 zum Dr. jur. Im Jahr 1975 legte sie die Richteramtsprüfung ab; 1977 wurde Brigitte Bierlein Staatsanwältin und engagierte sich fortan auch aktiv in der Vereinigung Österreichischer Staatsanwältinnen und Staatsanwälte, zu deren Präsidentin sie 2001 gewählt wurde.

Mit vierzig Jahren wurde Brigitte Bierlein 1990, nachdem sie mehrere Jahre an der Oberstaatsanwaltschaft Wien tätig gewesen war, als erste Frau zur Generalanwältin in der Generalprokuratur – der höchsten staatsanwaltschaftlichen Behörde – ernannt.

Im Jahr 2003 wurde sie Vizepräsidentin am Verfassungsgerichtshof (VfGH), den sie ab 1. Jänner 2018 leitete. Diese Funktion legte die stets parteilose Volljuristin erst mit der Übernahme der Kanzlerschaft Anfang Juni 2019 zurück.

Bierlein gilt nicht nur unter Kolleginnen und Kollegen als äußerst kompetente Juristin. Ihr werden Fleiß und Präzision in der Zusammenarbeit nachgesagt. In der Öffentlichkeit kennt man sie als stets elegant und stilsicher im Auftreten ...

Die Kunst und Kultur ist ihre große Leidenschaft – Opernaufführungen besucht sie ebenso gern wie Vernissagen. Ebenfalls folgt sie einem strikten, regelmäßigen Sportprogramm, um aktiv zu bleiben.

Brigitte Bierlein ist Vorbild, gar Vorreiterin und Wegbereiterin für viele Frauen und bezieht stets differenzierte und klare Positionen. Auf die Frage nach einer Frauenquote (Katharina Mittelstaedt in „Der Standard" vom 1. Juni 2019) meinte sie, dass „Frauen das eigentlich nicht mehr brauchen sollten". Ihre Entscheidung, Bundeskanzlerin zu werden, war ihren eigenen Angaben zufolge ein „Sprung ins kalte Wasser".

Mit ihrer Einstellung, Herausforderungen mutig und demütig anzunehmen, hart zu arbeiten und selbstbewusst die eigenen Positionen und Gedanken zu vertreten, hat sie sich im Laufe ihrer Karriere Respekt erkämpft. Rückblickend sieht sie einen „gewissen gesunden Ehrgeiz", der, gepaart mit „viel Freude an der Arbeit", wohl auch nötig war, um sich als Frau in der früher stark männlich dominierten Welt der Juristen durchzusetzen.

Das Gespräch mit Frau Dr. Bierlein fand im September 2020 statt und zeigt den Werdegang einer faszinierenden Persönlichkeit.

Sie wurden in der Presse als „immer die Erste" beschrieben und waren ja auch nicht nur die erste Bundeskanzlerin Österreichs, sondern auch 2018 die erste Präsidentin des Verfassungsgerichtshofs. War dieser (Karriere-)Weg geplant oder hat sich Ihre Laufbahn situationsbezogen entwickelt?

Zunächst war mein Wunsch nach der Matura, ein Studium an der Kunstakademie zu beginnen, da meine Mutter eine künstlerische Ausbildung hatte und mir die Leidenschaft für Kunst mitgegeben hat. Meine Mutter war, wie damals üblich, Hausfrau. Ich wollte immer auf eigenen Beinen stehen und habe mich deshalb ganz pragmatisch für das Jus-Studium entschieden. Ich wollte meine Eltern nicht lang finanziell belasten. Mein Vater war Beamter, wir haben nicht im Überfluss gelebt. Auch deshalb habe ich das Jus-Studium gewählt und mich bemüht, es in Mindestzeit zu absolvieren, obwohl mich die fachlichen Inhalte zu Beginn nicht allzu sehr interessiert haben, was sich aber bald geändert hat. Bei Absolvierung des sogenannten Gerichtsjahres habe ich in der Praxis gesehen, dass das Richteramt äußerst spannend und abwechslungsreich ist. Besonders das Strafrecht hat es mir angetan, da es besondere Einblicke in die Psyche der Menschen vermittelt. Meine Entscheidung für diese Richtung habe ich keinen Tag bereut.

Es gab zu dieser Zeit wenige Juristinnen in der Justiz und in der Rechtsanwaltschaft, Notarinnen gab es überhaupt noch nicht. Eine zumindest offensichtliche Benachteiligung von Frauen, sobald sie Richterinnen waren, ist mir allerdings nicht aufgefallen. Es gab zwar durchaus Kollegen, die eine Frau als Richterin oder Staatsanwältin weniger gern sahen – so hat mir etwa ein Ausbildungsrichter eine Tätigkeit in einem Bankinstitut nahegelegt –, doch ich habe dies nicht als persönlichen Angriff empfunden. Ein Vorteil auf meinem Karriereweg war wohl auch meine „dicke Haut", die es mir ermöglichte, verbale Spitzen oder Provokationen nicht allzu ernst zu nehmen. Mir war stets ordentliches Auftreten wichtig, ich wollte als Richterin selbstbewusst meine Arbeit machen und meinem eigenen Stil treu bleiben.

Nach rund zweijähriger Tätigkeit als Richterin im Zivil- und Strafrechtsbereich wurde mir eine Stelle bei der Staatsanwaltschaft angeboten – dies bedeutete mir viel, war damals eine Auszeichnung.

Hatten Sie jemals „geplant", in Ihrem Fach „die Erste" zu werden?
Meine erreichten Positionen habe ich nie angestrebt, allerdings war ich durchaus ehrgeizig und wollte Zweiflern, vor allem den männlichen Kollegen, beweisen, dass eine Frau eine gleichwertige Juristin ist.

Als ich vorerst vertretungsweise in die Oberstaatsanwaltschaft Wien – dies ist die übergeordnete Behörde der Staatsanwaltschaften – berufen wurde, war ich zunächst zurückhaltend, wusste aber, wenn ich ablehne, kommt eine solche Chance nie wieder. Im Bestellungsverfahren habe ich mich dann gegen die männlichen Mitbewerber durchgesetzt, wollte die Funktion aber auch zu hundert Prozent ausfüllen. Ich habe immer einen hohen Anspruch an mich selbst gestellt.

Der damalige Leiter der Oberstaatsanwaltschaft hat sich um Frauenförderung bemüht. Das war gar nicht einfach, da qualifizierte Frauen oft ihren gewohnten Posten nicht verlassen wollten. Nach einigen Jahren in der Oberstaatsanwaltschaft wurde ich eingeladen, mich für die Generalprokuratur zu bewerben. Dort bin ich – als erste Frau unter ausschließlich älteren männlichen Kollegen – zu Beginn durchaus skeptisch gesehen worden, erfuhr aber Unterstützung und konnte mir die Achtung der Kollegen erarbeiten.

Während meiner Tätigkeit als Generalanwältin habe ich mich auch in der staatsanwaltlichen Standesvertretung engagiert und wurde 2001 zur Präsidentin der Vereinigung Österreichischer Staatsanwältinnen und Staatsanwälte gewählt. Mir waren die beruflichen Angelegenheiten meiner Kolleginnen und Kollegen und die Vertretung ihrer Interessen ein wichtiges Anliegen.

Als ich gegen Ende 2002 völlig überraschend mit der allfälligen Möglichkeit der Ernennung zur Vizepräsidentin des Verfassungsgerichtshofes konfrontiert wurde, habe ich mich spontan beworben – einmal mehr im Wissen, dass eine solche Chance kein zweites Mal kommt. Dass ich kurz darauf von der Bundesregierung tatsächlich als erste Frau für diese hohe und verantwortungsvolle Position vorgeschlagen und vom Bundespräsidenten ernannt wurde, stand ebenso wenig in meiner Lebensplanung wie alle anderen Karriereschritte, die ich bis dahin erleben durfte.

Mitglied des österreichischen Verfassungsgerichtshofes (VfGH) zu sein, des mit dem Bundesverfassungsgesetz 1920 begründeten ältesten Gerichtshofes der Welt, mit der alleinigen Kompetenz, Gesetze auf ihre Verfassungsmäßigkeit zu überprüfen, ist wohl die Krönung jeder juristischen Laufbahn. Der VfGH als Hüter der Verfassung und Wahrer der Grundrechte ist eine der bedeutendsten

Einrichtungen unseres demokratischen Rechtsstaates. Die 14 Verfassungsrichterinnen und -richter (sowie die sechs Ersatzmitglieder) entscheiden im Jahr mehrere tausend Fälle, die an sie herangetragen werden. Von Bauangelegenheiten über Causen aus dem Sozial-, Steuer-, Gewerbe- oder Asylrecht bis zu Wahlentscheidungen (um nur einige zu nennen) reicht das breite Spektrum. Die erste Richterin wurde relativ spät – im Jahr 1993 – ernannt, ich kam 2003 als vierte Frau hinzu, allerdings als erste ins Präsidium. Zu Beginn des Jahres 2018 mit der Leitung dieses traditionsreichen Gerichtshofes betraut zu werden, war für mich der nie vorhergesehene Höhepunkt meiner Karriere als Juristin.

Gab es Vorbilder und/oder Mentorinnen/Mentoren für Ihren Berufswunsch? Wenn ja, welche?

Ich habe im Laufe meiner Karriere immer wieder Zuspruch und Unterstützung von Kolleginnen und Kollegen erfahren und hoffe, dass ich das auch zurückgeben konnte. Der bereits erwähnte Behördenleiter, aber auch ein Vorgänger an der Spitze der Standesvertretung haben mich besonders unterstützt. Und die Karrieresprünge kamen, wie gesagt, jeweils spontan und ohne angestrebt zu sein auf mich zu. Es gab in meiner Familie oder im sonstigen Umfeld keine speziellen Vorbilder.

Ich habe immer versucht, mein Bestes zu geben, um fachlich anerkannt zu werden. Früher wurde man als Frau schon genauer unter die Lupe genommen. Heute sind Frauen an der Spitze in nahezu allen Funktionen keine Seltenheit mehr. Ich dachte und hoffte in jungen Jahren allerdings, dass die Gleichstellung rascher umgesetzt werden würde.

Was war für Sie die größte Herausforderung in Ihrer Laufbahn?

Die Übernahme der Kanzlerschaft sehe ich als meine größte berufliche Herausforderung, ich hatte davor noch nie eine politische Aufgabe übernommen. Ich bin Juristin und keine Politikerin.

Bundespräsident Van der Bellen war es nach dem so noch nie da gewesenen Misstrauensantrag gegen den Bundeskanzler und die gesamte Regierung ein großes Anliegen, im Sinne unserer Verfassung umgehend eine funktionsfähige Übergangsregierung angeloben zu können. Dies erforderte eine rasche

Entscheidung aller Beteiligten. Ich hatte eine sehr kurze Bedenkzeit und habe diese so bedeutende Aufgabe als größte Ehre meines Lebens mit großer Demut übernommen. Die Regierungsbildung gestaltete sich in dieser Ausnahmesituation nicht zuletzt dank der umsichtigen Unterstützung durch den Bundespräsidenten und der sofortigen Bereitschaft der Ministerkandidatinnen und -kandidaten als äußerst effizient. Mir war besonders wichtig, dass in der Regierung Geschlechterparität herrscht.

Das Team unserer sogenannten Expertenregierung hat sich gut verstanden. Im Vorfeld der Vorschläge der einzelnen Ministerinnen und Minister an den Bundespräsidenten habe ich viele Gespräche auf verschiedenen Ebenen geführt, um breite Zustimmung zu erreichen.

Diese Übergangsregierung sollte effizient verwalten, das Vertrauen in unsere Institutionen stärken, die nötigen legistischen Maßnahmen treffen und die Staatsgeschäfte ohne nachhaltige Neugestaltung bis zur Angelobung der nächsten Regierung nach Neuwahlen weiterführen. Dies scheint uns zufriedenstellend gelungen zu sein.

Für wie wichtig halten Sie Netzwerke auf dem Karriereweg? Männerbünde funktionieren wunderbar. Das zeigt uns immer wieder die Geschichte. Wie sieht es hier mit weiblichen Netzwerken aus, gibt es mehr Konkurrenz als Kongruenz?
Ich persönlich war nie Mitglied in politischen Vereinigungen oder Bünden. Ich bin ehrenamtliches Mitglied in mehreren juristischen Vereinigungen und Organisationen, auch in Frauennetzwerken sowie im ersten Wiener Club der Rotarier, der von vornherein Frauen aufnahm – da bin ich nach wie vor Mitglied. Ich habe immer versucht, durch Eigeninitiative und harte Arbeit zu überzeugen. Gleichzeitig habe ich mich im Laufe der Jahre vermehrt für Frauenförderung eingesetzt. Frauennetzwerke halte ich für wichtige Einrichtungen, um Frauen zu motivieren und zu unterstützen.

Wie konnten Sie sich bei Ihrem Weg auf der Karriereleiter gegen die männliche Übermacht behaupten?
Mir war immer wichtig, 100%ige Arbeit zu leisten, mir so Akzeptanz zu erwerben und Integrität zu leben. Ich hatte auch das Glück, überwiegend auf verständige

und wohlgesonnene Kollegen zu treffen. An echte Stolpersteine kann ich mich nicht erinnern.

Wie haben Sie es geschafft, Karriere und Privatleben zu vereinen, oder haben Sie sich bewusst gegen eine Familie entschieden? Diese typische Frage stellt man nur Frauen. Warum wird sie immer noch Frauen gestellt?
Zu Beginn meiner Karriere wurde ich nach meiner Familienplanung gefragt. Einmal sogar sehr direkt: „Nehmen Sie eh die Pille?" Meine Antwort war, aufzustehen und den Raum zu verlassen. Dies war allerdings der einzige Fall. In der Tat ist es seltsam, dass derartige Fragen nur Frauen gestellt werden, obwohl etwa Väterkarenz inzwischen – wenn auch in weitaus geringerem Ausmaß als von Müttern – in Anspruch genommen wird.

Es war keine bewusste Entscheidung, keine Familie zu haben, es hat sich einfach ergeben. Ich bin jeden Tag mit Freude ins Büro gegangen und habe meinen Beruf zu einem bedeutenden Lebensinhalt gemacht. Als Nachteil habe ich dies nie empfunden. Das Zusammensein mit Freundinnen und Freunden war und ist mir immer wichtig.

Meinen Interessen, wie Kunst, Kultur, Theater, Besuche von Galerien und auch Sport, konnte ich immer nachkommen. Der Jahresurlaub wurde zwar nie ausgeschöpft, doch bin ich regelmäßig auf Skiurlaub oder zum Segeln gefahren.

Anfangs haben Sie geglaubt, dass es keine Frauenquote braucht und dass Qualität sich durchsetzt. In späterer Folge merkten Sie, dass diese Entwicklungen langsamer voranschreiten als erwartet. Welchen Beitrag konnten Sie zu einer schnelleren Gleichstellung von berufstätigen Frauen leisten?
Eine Quote für die Beschäftigung von Frauen empfand ich stets als Abwertung. Leider gibt es aber auch noch heute relativ wenige Frauen in Führungspositionen in der Privatwirtschaft; so erhält die Quotenregelung doch eine Berechtigung. In der Justiz sind heute viele Frauen in hohen Positionen zu finden. Mir war es als Bundeskanzlerin ein besonderes Anliegen, dass die Hälfte der Regierungsmitglieder – erstmals – aus Frauen besteht. Das war meines Erachtens ein bedeutender Schritt.

Als Sie Bundespräsident Alexander Van der Bellen bat, Bundeskanzlerin zu werden, reagierten Sie „typisch weiblich": „Das kann ich nicht!" Wieso unterschätzen Frauen sich oft selbst?
Ich hätte mir diese ehrenvolle Position nie träumen lassen. Bundespräsident Van der Bellen rief mich überraschend zu einem Gespräch und schlug mir vor, die interimistische Kanzlerschaft zu übernehmen. Aufgrund der Umstände hatte ich nur 24 Stunden Bedenkzeit. Zu Beginn hätte ich mir eher das Justiz-Ressort zugetraut. Doch es wurde mir klar, dass die Kanzlerschaft einer Frau ein wichtiges Zeichen für die Zukunft sein kann, und so fiel meine Entscheidung, diese einmalige Möglichkeit mit großer Demut wahrzunehmen.

Leider trauen sich Frauen oft zu wenig zu oder sind zu wenig „sichtbar", um von Karrieremöglichkeiten profitieren zu können. Frauen sollten den Mut und das Selbstbewusstsein haben, ihre Chancen zu ergreifen – wie es die meisten Männer mit größter Selbstverständlichkeit tun.

Streben Sie im nächsten Schritt an, Bundespräsidentin zu werden?
Nein. Ich widme mich jetzt mit Freude meinem neuen Lebensabschnitt und beschäftige mich vermehrt mit meiner Vorliebe für Kunst in Richtung „Klassische Moderne" und bemühe mich mit Elan und Leidenschaft, Kunstschaffende in dieser für die Kulturszene schwierigen Lage bestmöglich zu unterstützen. Auch bin ich ehrenamtlich in zivilgesellschaftlichen Organisationen tätig.

Mag.ª Barbara Prammer

Die erste Präsidentin des Nationalrates

11. Jänner 1954 bis 2. August 2014

Barbara Prammer war eine studierte Soziologin und Politikerin der SPÖ, die in ihrer langjährigen Karriere mehrere hohe politische Ämter bekleidete. In ihrer oberösterreichischen Heimat etwa war sie Zweite Präsidentin des Landtages (1991–1995) und Mitglied der Landesregierung (1995–1997).

Noch während ihres Engagements in der Landespolitik übte sie bereits Funktionen in der Bundespolitik aus: Von 1995 bis zu ihrem Ableben im Jahr 2014 war Prammer stellvertretende Bundesparteivorsitzende der SPÖ; während dieser Zeit befasste sie sich intensiv mit frauen- und sozialpolitischen Themen. 1997 übernahm sie den Bundesvorsitz der SPÖ-Frauen, ein Amt, das sie bis 2009 innehatte. Ebenfalls 1997 berief Bundeskanzler Viktor Klima sie in sein Regierungsteam und betraute sie mit dem Bundesministerium für Frauenangelegenheiten und Verbraucherschutz. In dieser Funktion, die sie bis 2000 ausübte, gelang es Prammer, ein wichtiges familienpolitisches Gleichstellungsanliegen umzusetzen. Dank ihrer intensiven Bemühungen einigte sich das Parlament einvernehmlich auf eine Gesetzesnovelle des Allgemeinen Bürgerlichen Gesetzbuches (ABGB), mit der die „volle Ausgewogenheit der Beiträge" in der Ehe in das Familien- und Eherecht festgeschrieben wurde. Dies war alles andere als ein leichtes Unterfangen. Ihre Vorgängerin im Amt, die SPÖ-Politikerin Helga Konrad, initiierte 1996 die Kampagne „Ganze Männer machen halbe-halbe" und erntete damit einen Proteststurm, was letztlich zu ihrer Abberufung führte.

Den Gipfelpunkt ihrer politischen Karriere erreichte Barbara Prammer 2006, als sie als erste Frau zur Präsidentin des Nationalrates gekürt wurde und damit eines der höchsten Ämter innehatte, die die Republik Österreich zu vergeben hat. In dieser Funktion, die sie bis zu ihrem Tod im Jahr 2014 ausübte, erwarb sie sich über die Parteigrenzen hinweg große Anerkennung.

Neben der Frauenpolitik erwarb sich Barbara Prammer große Meriten für ihren Einsatz zur Stärkung der Minderheitenrechte und in der Erinnerungspolitik. Karl Müller, seines Zeichens Präsident der Theodor Kramer Gesellschaft, charakterisierte sie in einer Rede als Politikerin, die für die Erinnerungs- und Gedächtnispolitik in Österreich Wegweisendes leistete. Wiederholt lud sie Überlebende und deren Nachkommen ins Hohe Haus ein, unterstützte nach Kräften die wissenschaftliche Aufarbeitung der NS-Zeit und setzte sich zeitlebens für den Kampf gegen Rassismus und Rechtsextremismus ein.

Wenn ihre politische Arbeit in einem Satz zusammengefasst werden müsste, dann mit jenen Worten, die sie zum Gedenktag gegen Gewalt und Rassismus

am 4. Mai 2012 sprach: „Demokratische Kultur, Menschenrechte und solidarisches Miteinander sind die Basis unseres Zusammenlebens."

Am 13. September 2013 musste die geschockte Öffentlichkeit im Rahmen einer Pressekonferenz erfahren, dass Barbara Prammer schwer erkrankt war. Sie übte ihr Amt zwar weiterhin aus, erlag aber ihrem Krebsleiden am 2. August 2014.

Zu ihrem Gedenken wurde 2018 eine Straße in der Seestadt Aspern (im 22. Gemeindebezirk Wiens) nach ihr benannt: die Barbara-Prammer-Allee. Auch ein Gemeindebau trägt seit 2019 ihren Namen: der Barbara-Prammer-Hof in Wien-Favoriten. Darüber hinaus organisieren die SPÖ-Frauen, der Sozialdemokratische Parlamentsklub und das Karl-Renner-Institut jedes Jahr ein Symposium im österreichischen Parlament, das sich gesellschafts- und frauenpolitischen Themen widmet.

Barbara Prammers Ehrengrab auf dem Zentralfriedhof in Wien befindet sich direkt neben jenem von Johanna Dohnal, einer herausragenden Persönlichkeit der österreichischen Frauenpolitik.

Johanna Dohnal

Die erste Frauenministerin

14. Februar 1939
bis 20. Februar 2010

Johanna Dohnal zählt auch über ein Jahrzehnt nach ihrem Tod noch zu den bekanntesten Protagonistinnen der österreichischen Frauenbewegung. Sie war eine wortgewaltige und streitbare Feministin – und Österreichs erste Frauenministerin.

Diese Karriere war aber alles andere als vorgezeichnet: Johanna Dietz, wie sie vor ihrer Heirat hieß, wuchs wegen der Erkrankung ihrer Mutter bei ihrer Großmutter in Penzing, dem 14. Wiener Gemeindebezirk, auf. Nach der Pflichtschule ging sie bei einer Firma für Kunststoffverarbeitung als Industriekauffrau in die Lehre. Die bescheidenen finanziellen Verhältnisse, die ihre Kindheit und Jugend prägten, waren dafür verantwortlich, dass ihr eine höhere Schulbildung versagt blieb.

Johanna Dohnal wuchs in einer Welt auf, in der Frauen kleingehalten wurden und Männer das Sagen hatten, die mehrheitlich auch nicht daran dachten, Konzessionen zu machen. Der Mann war das Familienoberhaupt und das war keineswegs nur Gerede, sondern bittere gesetzliche Wahrheit. Wenn die Frau einen Beruf ergreifen, ein Bankkonto eröffnen, die Kinder in der Schule anmelden oder auch nur einen Reisepass beantragen wollte, brauchte sie die Zustimmung des Ehemannes – und zwar schriftlich. Diesen sozioökonomischen Umständen ist es wahrscheinlich geschuldet, dass Johanna Dohnal schon sehr früh damit begann, sich politisch zu engagieren. Bereits als Jugendliche trat sie der SPÖ bei.

Nach der frühen Heirat und der Geburt der beiden Kinder lebte die junge Familie in sehr beengten Wohnverhältnissen und musste das Einkommen mit der Heimarbeit der Gattin aufbessern. Diese Ehe wurde 1976, nach 19 Jahren, geschieden.

Erst 1969 fand Johanna Dohnal eine feste Anstellung, nun als Sekretärin. Gleichzeitig intensivierte sie ihre politischen Aktivitäten und wurde Bezirksrätin in Penzing. Damit begann ihr politischer Aufstieg: 1971 übernahm sie den Vorsitz der SPÖ-Frauen im 14. Bezirk. Von 1972 bis 1979 wirkte sie als Landesfrauensekretärin der SPÖ Wien und war gleichzeitig Abgeordnete im Wiener Gemeinderat und Landtag. In dieser Zeit wurde auch der Verein „Soziale Hilfen für gefährdete Frauen und Kinder" aus der Taufe gehoben, zu deren Gründungsmitgliedern Dohnal zählte. Dieser Verein war es, der Wiens erstes Frauenhaus ermöglichte.

Einen großen Karriereschritt machte Dohnal 1979, als Bundeskanzler Bruno Kreisky sie und drei andere Frauen als Staatssekretärinnen in sein Kabinett holte. In verschiedenen Medien wurden sie als „Kreiskys Harem" verunglimpft, was wohl ein beredtes Beispiel für den damals noch herrschenden Zeitgeist gegenüber Frauen in hohen politischen Ämtern abgibt. Dohnal war als Staatssekretärin für allgemeine Frauenfragen zuständig und konnte viele gesetzliche Verbesserungen vor allem für berufstätige Frauen durchsetzen. Zusätzlich verantwortete sie ein Förderprogramm für Frauen im Bundesdienst sowie mehrere wichtige Initiativen im Familien- und Sexualstrafrecht.

1990 war es schließlich so weit: Johanna Dohnal, seit 1987 auch stellvertretende Bundesparteivorsitzende der SPÖ, wurde unter Bundeskanzler Franz Vranitzky die erste Frauenministerin Österreichs. Und ihre Erfolgsbilanz kann sich sehen lassen: In ihrer Amtszeit wurden etliche Gesetze verabschiedet, die die Situation vieler Frauen deutlich verbesserten, etwa das Verbot sexueller Belästigung, Betretungsverbote bei Gewalt in der Ehe oder das Ende der Amtsvormundschaft unverheirateter Frauen. Ebenso wurde 1993 im Zuge der Gleichbehandlungsgesetze für den öffentlichen Dienst eine Frauenquote in Ministerien und an Universitäten festgeschrieben.

Da Dohnals energischer Einsatz für Frauenrechte nicht selten für starken Gegenwind in Politik und Medien sorgte und die Stimmungslage der Wählerschaft mehr und mehr in Richtung Konservatismus drehte, berücksichtigte sie Vranitzky bei einer Regierungsumbildung trotz Gegenwehr nicht mehr. Sie zog die Konsequenzen und verabschiedete sich aus der Berufspolitik, was freilich nicht bedeutete, dass ihr Engagement für Frauenangelegenheiten ein Ende fand. Sie veröffentlichte Zeitschriftenartikel und Bücher, arbeitete für Frauenorganisationen und Gewerkschaften, hielt Vorträge und lehrte an Universitäten.

2010 verstarb Johanna Dohnal im Alter von 71 Jahren. Sie erhielt ein Ehrengrab auf dem Wiener Zentralfriedhof – unweit der letzten Ruhestätte von Hertha Firnberg, der ersten sozialdemokratischen Ministerin Österreichs. Seit 2012 gibt es einen Johanna-Dohnal-Platz in Wien-Mariahilf.

Dr.in Maria Schaumayer

Die weltweit erste Präsidentin einer Nationalbank

7. Oktober 1931
bis 23. Jänner 2013

Im Jahr 1990 wurde die gebürtige Steirerin Maria Schaumayer zur Präsidentin der Oesterreichischen Nationalbank gekürt und sorgte damit für zwei Premieren: Sie war damit die erste Frau, die diese Funktion in Österreich ausübte. Gleichzeitig leitete nun weltweit zum ersten Mal eine Frau eine Zentralbank ihres Landes.

Maria Schaumayer, die nie darin ein Versäumnis sah, ihre Karriere vor die Familienplanung zu stellen, legte in ihrer Berufslaufbahn ein hohes Tempo vor: Bereits mit 23 Jahren promovierte sie in Rechtswissenschaft, zuvor konnte sie ein Wirtschaftsstudium erfolgreich abschließen.

Die erste Etappe ihres Karriereweges führte Schaumayer in den Creditanstalt-Bankverein, wo sie das Bankenhandwerk erlernte und bis zur Handlungsbevollmächtigten aufstieg. Danach wechselte sie in die Politik: 1965 wurde sie, nominiert durch die ÖVP, amtsführende Stadträtin und damit Mitglied des Wiener Stadtsenats und der Landesregierung. In dieser Funktion war sie zuständig für städtische Unternehmungen und verantwortete darüber hinaus baubehördliche und „sonstige technische Angelegenheiten". Zusätzlich wirkte sie als Fraktionssprecherin der ÖVP in der Landesregierung.

Noch während ihrer politischen Aktivitäten – zwischen 1969 und 1982 gehörte sie dem Wiener Landtag und Gemeinderat an – setzte sie ihre Laufbahn in der Wirtschaft fort: 1974 wurde sie in den Vorstand der Kommunalkredit AG berufen. Zu ihren Aufgabengebieten zählten die Bereiche Kreditgeschäft, Rechnungswesen und Bilanz. 1982 wechselte sie in den Finanzvorstand der ÖMV (heute OMV), eine Funktion, die sie bis 1989 ausübte. 1990 erfolgte schließlich der Ruf an die Spitze der Oesterreichischen Nationalbank. Dieses Amt übte sie mit Erfolg fünf Jahre lang aus. 1995, nach dem Ende der regulären Funktionsperiode, verzichtete sie aber aus freien Stücken auf eine Verlängerung.

Die Berufslaufbahn Schaumayers endete nicht mit dem Ausscheiden aus der Oesterreichischen Nationalbank. 2000 übernahm sie einen Posten, der ihr große internationale Anerkennung einbringen sollte. Sie wurde zur Regierungsbeauftragten bestellt, die die schwierige Aufgabe hatte, ein bilaterales Vertragswerk zu schaffen, um die Zwangsarbeiter unter der NS-Diktatur zu entschädigen. Daran beteiligt waren neben der Republik Österreich sechs osteuropäische Staaten sowie die USA. Nicht zuletzt ihrer Verhandlungsführung und ihrer Handschlagqualität war es zu verdanken, dass der „Österreichische Fonds für Versöhnung, Frieden und Zusammenarbeit" errichtet wurde, mit dem fast 140.000 ehemalige Zwangsarbeiter entschädigt werden konnten. US-Staatssekretär Stuart Eizenstat, der an den Gesprächen beteiligt war, hob in einem Interview hervor, dass Schaumayer bei aller Härte in den Verhandlungen ein „wunderbarer, warmherziger Mensch mit außergewöhnlichen Fähigkeiten" sei.

Während ihrer Berufslaufbahn und auch noch nach ihrer Pensionierung war Schaumayer, die sich öfter mal als „Eisbrecherin für Frauen" bezeichnete, stets bemüht, Frauenkarrieren zu fördern – meist diskret, partnerschaftlich und konsensorientiert. In einem Interview betonte sie, dass der „Kampf mit der Hellebarde" nie ihrer gewesen sei. Auch Quoten gegenüber war sie skeptisch eingestellt. Sie würden nicht nur in das Recht auf Vertragsfreiheit eingreifen, sondern Frauen möglichweise sogar Defizite einreden. Dennoch war ihr bewusst, dass noch viel unternommen werden muss, damit Frauen die vielfach vorhandene „gläserne Decke" durchstoßen können. In diesem Geiste richtete sie 1991 die „Dr.-Maria-Schaumayer-Stiftung" ein, die es sich zum Ziel gemacht hat, Frauen in Wirtschaft und Wissenschaft aktiv zu fördern und die dafür erforderlichen Rahmenbedingungen wissenschaftlich zu ergründen. 2006 wurde die über alle Parteigrenzen hinweg geschätzte Schaumayer zum Ehrenmitglied der Österreichischen Akademie der Wissenschaften ernannt – wieder einmal als erste Frau. Im Jahr darauf erhielt sie den Leopold-Kunschak-Preis, ebenfalls als erste Frau. Der von der ÖVP ausgelobte Preis wird seit 1965 für herausragende Arbeiten auf dem Gebiet der Geistes-, Sozial- und Wirtschaftswissenschaften vergeben.

Maria Schaumayer starb völlig unerwartet am 23. Jänner 2013.

Adelheid Popp

Von der Fabrikarbeit ins Parlament

11. Februar 1869 bis 7. März 1939

Am 4. März 1919 hielt Adelheid Popp als erste Frau in der österreichischen Geschichte einen Vortrag im Parlament und trat für die Rechte der Frauen ein. Mit dieser Rede beeinflusste sie den Lauf der Geschichte, nicht nur, weil sie aus einer armen, bildungsfernen Zuwandererfamilie stammte und sich – ohne Schulbildung – den Weg ins Hohe Haus erkämpfte, sondern weil sie eine Frau war und zum Vorbild vieler wurde.

Mit Adelheid Popp zogen am 4. März 1919 erstmals acht weibliche Abgeordnete in die hehren Hallen des Hohen Hauses ein und vollzogen damit den allerersten Schritt zur Gleichberechtigung der Frau auch auf politischer Ebene. Insgesamt nahmen sieben Sozialdemokratinnen, neben Adelheid Popp Anna Boschek, Emmy Freundlich, Gabriele Proft, Therese Schlesinger, Amalie Seidel und Marie Tusch, und eine christlichsoziale Abgeordnete, Hildegard Burjan, an jenem Tag ihre parlamentarische Arbeit auf. Adelheid Popp hielt als erste Frau eine Rede, mit der sie u. a. die Abschaffung des Adels und all seiner Privilegien forderte. Die politischen Forderungen bezogen sich u. a. auf die Absicherung der weiblichen Erwerbstätigen, wie Hausangestellten, Dienstmädchen, Heim- und Landarbeiterinnen.

In ihrer Eigenschaft als Neoparlamentarierinnen hatten die Frauen jedoch mit dem Unmut und der Diskriminierung der Männer zu kämpfen. Die Anzahl an Parlamentarierinnen blieb in den folgenden Jahren immer sehr gering – erst ab den 1980er Jahren erreichte der Frauenanteil im österreichischen Nationalrat mehr als zehn Prozent. Der Prozentsatz im Jahr 2019 lässt hoffen, in den nächsten Jahren die festgeschriebene Gleichberechtigung auch faktisch umsetzen zu können, da derzeit rund 37 Prozent der Abgeordneten weiblich sind.

Adelheid Popp wurde 1869 in Inszersdorf bei Wien als Adelheid Dworak – als eines von 15 Kindern – geboren. Ihr alkoholkranker Vater starb, als sie sechs Jahre alt war. Nach drei Jahren in der Schule musste sie ihre Mutter, eine Fabrikarbeiterin, beim Broterwerb unterstützen und war zunächst als Dienstmädchen, danach als Näherin tätig, ehe sie Fabrikarbeiterin wurde. Die schwere Arbeit schädigte ihre Gesundheit und sie musste mehrmals ins Krankenhaus.

Von ihren Brüdern wurde sie zu Arbeiterversammlungen mitgenommen, wo sie eines Tages über die Situation der Arbeiterinnen sprach und damit großes Aufsehen erregte. Von diesem Moment an arbeitete Popp zwölf Stunden täglich in der Fabrik und lernte abends erst Lesen und Schreiben, las anschließend sozialistische Schriften und schrieb Artikel über die Situation der Arbeiterinnen. An Wochenenden sprach sie auf Parteiversammlungen.

Schon frühzeitig in der Arbeiterbewegung aktiv, war sie u. a. mit Friedrich Engels und Victor Adler befreundet. Sie gründete die „Arbeiterinnen-Zeitung", die sie auch lange Jahre selbst leitete. Mit ihren zahlreichen Publikationen – unter denen v. a. „Die Jugendgeschichte einer Arbeiterin" bekannt wurde – unterstützte sie die Arbeiterinnen auf ihrem Weg zu mehr Selbstbewusstsein und im Kampf um ihre Rechte. Durch ihre Tätigkeiten – wie die Organisation von Frauenstreiks – geriet sie ins Visier der Geheimpolizei und kam mehrmals ins Gefängnis. Ihre Aufrufe an die Frauen, ihre Rechte am Arbeitsplatz und in der Familie wahrzunehmen, waren der patriarchalischen Gesellschaft ein Dorn im Auge.

Ab 1891 war sie Mitglied des Wiener Arbeiterinnen-Bildungsvereins. Als Mitbegründerin wurde sie 1892 verantwortliche Redakteurin der österreichischen „Arbeiterinnen-Zeitung", für deren Erscheinen sie ab 1919 verantwortlich war.

1893 heiratete sie Julius Popp, der ein enger Freund Victor Adlers war, und bekam zwei Söhne, die jedoch früh starben. Auch ihre Ehe endete mit dem Tod von Julius Popp schon 1902.

Seit 1898 stand Adelheid Popp dann dem Frauenkomitee der Partei vor, ab 1904 gehörte sie auch dem sozialdemokratischen Parteivorstand an. Mitten im Ersten Weltkrieg wurde sie dann zur Vorsitzenden des Internationalen Frauenkomitees der Sozialdemokraten gewählt. 1918 wurde sie in den Parteivorstand gewählt, im selben Jahr auch in den Wiener Gemeinderat, dem sie bis 1923 angehörte. Ein Jahr später, 1919, wurde sie Abgeordnete zum Nationalrat und blieb Mitglied des Parlaments bis zu dessen Auflösung 1934 durch die Austrofaschisten.

Im Alter von 64 Jahren legte sie ihre politischen Ämter zurück. Sie starb am 7. März 1939 in Wien.

Dieses Kapitel beschreibt die Geschichte des Zugangs zu Bildung aus Sicht der Frauen und ihren Kampf um gleiche Rechte für ihr Geschlecht.

Wissenschaft & Bildung

Man kommt nicht als Frau zur Welt, man wird es.

Simone de Beauvoir

Das Recht auf Bildung kann nicht von der sozialpolitischen Realität in der Geschichte losgelöst gesehen werden. Die Einleitung gibt Einblicke in die Entstehung der Geschlechterverhältnisse und die daraus resultierenden Agitationen von Frauen in Form von politischen Forderungen, wie dem Wahlrecht, gleicher Lohn für gleiche Arbeit, der Gründung von Frauenvereinen und der Forderung nach freiem Zugang zu den Universitäten.

Freiheit der Wissenschaft. Eine provokante Annäherung aus feministischer Sicht.

Freiheit der Wissenschaft aus feministischer Sicht bedeutet die Überwindung des rein männlichen Weltbildes, das über Jahrhunderte den Blick auf die Welt vorgegeben hat. Regina Becker-Schmidt schreibt: „Ehe sich feministische Diskurse entfalten konnten, waren Vorstellungen von Geschlecht und Geschlechtlichkeit bereits aus männlicher Perspektive vorgedacht (...) nach dem Motto: Männer machen Geschichte, Männer besitzen den Schlüssel zum Wissen und darum gestalten auch Männer das soziale, kulturelle und politische Gemeinwesen."

Somit prägten männliche Denkmuster über Jahrhunderte unsere Gesellschaft. Erst der feministische Blick auf Gelehrtenwissen, Männermacht und den daraus resultierenden Antifeminismus hinterfragte die Mechanismen, die zur Konstruktion einer männlichen Welt beitrugen. Die daraus vermeintlich abgeleiteten Geschlechterdifferenzen führten zu einer Zweiteilung der Geschlechter und einer Abwertung bzw. Minderwertigkeit des Weiblichen, wie die Geschichte belegt.

Ich möchte in diesem Kapitel einen historischen Blick auf jene Frauen werfen, die zur Dekonstruktion hierarchischer Geschlechterordnung und zur politischen Emanzipation in unterschiedlichster Art und Weise beigetragen haben.

Recht auf Bildung

Wollten Frauen Zugang zu Bildung haben, so waren sie den Männern nicht gleichgestellt, ja von ihnen abhängig. Die elementarsten Bedingungen für eine angemessene Bildung wurden erstmals 1774 in Österreich durch die Schulpflicht für beide Geschlechter mit dem Besuch der Primarschule vom sechsten bis zum zwölften Lebensjahr gesetzmäßig verankert, wobei die Unterrichtsfächer nach Geschlecht festgelegt wurden. Demnach waren die naturwissenschaftlichen Fächer den Burschen vorbehalten und die „Mägdelein" wurden neben Schreiben, Lesen und Rechnen in feinen Näharbeiten unterrichtet. Tätigkeiten, die die Frauen auf ihre ihnen zugeschriebenen weiblichen Tugenden, wie die Führung eines Haushalts, vorbereiten sollten. Mit der Industrialisierung und dem aufkommenden Kapitalismus wurde Arbeit in zwei Bereiche aufgeteilt: die externe Arbeit, also die Erwerbsarbeit, die dem Unterhalt der Menschen dient, und die private Arbeit, die sich im häuslichen Bereich abspielt. Es ist nicht schwer, zu erraten, wem im Spiegel einer bürgerlichen Gesellschaft welche Rolle zugedacht war. Vielfach herrschte die Auffassung vor, dass die Frau eine von Natur aus vorgegebene Rolle einnehme und Eigenschaften besitze, die biologisch festgelegt und unveränderbar seien. Ausnahmen bildeten die Bereiche Landwirtschaft, Handwerk und der Kleinhandel. Anders war die Situation bei den Arbeiterinnen. Ohne ihren Verdienst wäre das Familieneinkommen zu gering gewesen.

Diese klar definierten Bereiche untermauerten das traditionell geprägte bürgerliche Bild einer Familie und somit einer patriarchalen Gesellschaft. Nur so konnte auf lange Sicht der Staat als Bewahrer zur Stabilisierung der Gesellschaft beitragen.

Die oft von Damen der Gesellschaft geleiteten Salons boten Frauen das, was ihnen an Bildung und neuzeitlichem Wissen vorenthalten wurde. Dort trafen sie Männer aus Wissenschaft, Literatur und Kunst. Jedoch war der Zutritt zu den Salons nur einer bestimmten weiblichen Klientel vorbehalten und somit beschränkte sich „Wissensvermittlung" nur auf wenige bevorzugte Frauen. Ja, es war „Frau" sogar verboten, Bibliotheken zu besuchen.

1867 wurde in Österreich im Staatsgrundgesetz das Recht auf Bildungsfreiheit niedergeschrieben. Ab 1878 erfolgte die Zulassung zur Ablegung der Matura als Externistin an einem Knabengymnasium. Jedoch dauerte es 29 Jahre, bis Frauen offiziell maturieren durften.

Die Verordnung des Ministeriums für Kultus und Unterricht vom 6. Mai 1878 sah erstmals die Zulassung von Frauen zu Universitätsvorlesungen vor, allerdings „nur ganz ausnahmsweise" und nur bei „besonderen, im einzelnen Falle zu würdigenden Umständen". Als 1895 die ersten Frauen an einem Prager Mädchengymnasium die Matura ablegten, wurde ihnen im Maturazeugnis der Passus „Reif zum Besuch der Universität" verweigert. Die Frauen galten nicht als ordentliche oder außerordentliche Hörerinnen, sondern durften nur als „Hospitantinnen" oder „Gasthörerinnen" (jeweils mit Zulassung seitens des Dozenten, der Fakultät und des Ministeriums) Vorlesungen besuchen. Das alles entschieden die Männer.

Graf Kaunitz stellte am 9. Juli 1895 im Abgeordnetenhaus fest: „Von allen Staaten der Erde stehen heute nur noch Österreich und Deutschland auf dem Standpunkte, dass sie der weiblichen Jugend das Universitätsstudium verwehren wollen ... Dort, wo es sich um einen humanitären und wissenschaftlichen Fortschritt handelt, kommen wir immer zuletzt."

22 Jahre lang kämpften Marianne Hainisch und ihre Mitstreiter*innen, bis 1892 das erste Mädchengymnasium auch in Österreich gegründet werden

konnte. Die erste Mädchenklasse wurde noch in den Räumen des Lehrerpädagogikums in der Hegelgasse 12 im 1. Bezirk als Privatschule errichtet. Erst 1903 bekam die Schule das Öffentlichkeitsrecht, bis dahin mussten die Schülerinnen ihre Prüfungen an anderen Schulen ablegen. 1910 übersiedelte die Schule in die Rahlgasse 4 im 6. Bezirk. Seit 1978 werden hier auch Buben unterrichtet. In der österreichisch-ungarischen Monarchie wurde das erste Mädchengymnasium bereits 1890 von Eliška Krásnohorská initiiert, einer sehr engagierten Betreiberin der tschechischen Frauenbewegung.

1896 wurde die Zulassung zur Matura gesetzlich verankert. Im Ausland erworbene Doktordiplome mussten, unter Wiederholung sämtlicher Rigorosen, anerkannt werden.

Ab dem 23. März 1897 durften Frauen mit österreichischer Staatsbürgerschaft und abgelegter Matura ab dem 18. Lebensjahr in Wien, Prag und Innsbruck als ordentliche und außerordentliche Hörerinnen an der Philosophischen Fakultät für das Wintersemester 1897/98 inskribieren. Das umfasste auch die naturwissenschaftlichen Studien und Mathematik. Es folgten 1900 die Medizinische Fakultät der Universität Wien, 1919 die Juridische Fakultät der Universität Wien, 1919 die Technische Hochschule Wien und die Montanistische Hochschule Leoben, 1928 die Evangelisch-theologische Fakultät der Universität Wien und 1945 die Katholisch-theologische Fakultät der Universität Wien.

Und wie reagierten die Herren „Professores" auf die weibliche Hörerschaft? Manchen Gelehrten ging die Forderung nach gleicher Bildung viel zu weit und sie leisteten auf ihre Art Widerstand. So wie der Germanist und Universitätsprofessor Gustav Roethe, der sagte, sobald eine Studentin auftauche, werde er die Vorlesung abbrechen.

Einer der schärfsten Gegner des Frauenstudiums war Paul Moebius, der in seinem Werk „Über den physiologischen Schwachsinn des Weibes", 1. Auflage 1900 (22 Auflagen erlangte dieses Buch!), die geistige Eignung der Frauen und deren tatsächliche Bestimmung manifestierte.

Moebius schrieb: „Jemand hat gesagt, man solle vom Weibe nichts verlangen, als dass es ‚gesund und dumm' sei. Das ist grob ausgedrückt, aber es liegt in dem Paradoxon eine Wahrheit. Übermäßige Gehirnthätigkeit macht das Weib nicht nur verkehrt, sondern auch krank. Wir sehen das leider tagtäglich vor Augen. Soll das Weib das sein, wozu die Natur es bestimmt hat, so darf es nicht mit dem Manne wetteifern. Die modernen Närrinnen sind schlechte Gebärerinnen und schlechte Mütter. In dem Grade, in dem die ‚Civilisation' wächst, sinkt die Fruchtbarkeit, je besser die Schulen werden, umso schlechter werden die Wochenbetten, umso geringer wird die Milchabsonderung, kurz, um so untauglicher werden die Weiber."

Liest man „Geschlecht und Charakter" von Otto Weininger als Mechanismus der Abwehr gegen bestimmte soziale Veränderungen, welche die üblichen dominanten kulturellen Schemata in Frage stellen, und interpretiert man so Weiningers Antifeminismus, der mit einem Widerstand gegen die Sexualität und den Körper einhergeht, als einen Exorzismus der Angst, wird man in die Liste „Weib", „Geschlechtlichkeit" und „Natur" auch den „Juden" mit einbeziehen müssen.

Oder Max Funke, der das Buch verfasste: „Sind Weiber Menschen?"

Bildung für alle

Neben dem Ruf nach gleichen Bildungsbedingungen für Frauen bildeten sich Vereine zur Volksbildung heraus. Die Tradition der „Volksbildung" besteht in Wien seit 1887 – mit dem ersten Volksbildungsverein Margareten – und richtet sich an ein breites, bildungsfreudiges Publikum mit Schwerpunkten auf Volksbibliotheken, Kursen und Vorträgen aus Wissenschaft und Kunst.

Mag.[a] Doris Zametzer

Die erste Direktorin der VHS Urania

20. August 1964

Seit September 2019 hat einer der ältesten Orte der Volksbildung – die Wiener Urania – mit der ersten weiblichen Leitung den Sprung in die Gleichstellung der Geschlechter geschafft. Die Soziologin und Politikwissenschaftlerin Mag.[a] Doris Zametzer hat als ersten Schritt ihrer Direktionstätigkeit sogleich neue Schwerpunkte gesetzt und präsentiert ein Haus der Geisteswissenschaften und Haus der Frauen mit inhaltlicher Neuausrichtung.

Das Know-how und die Kompetenz hat sich die akademisch geprüfte Kulturmanagerin mittels vielfältiger Ausbildungsschritte, wie der Ausbildung zur Bildungsmanagerin in den 1990er Jahren oder des Studiums Soziologie und Politikwissenschaften an der Universität Wien zu Beginn der 2000er Jahre, erworben. Als Programm-Managerin der VHS Floridsdorf konnte Doris Zametzer nicht nur standortbezogene Kurse und Veranstaltungen entwickeln, sondern auch den neuen Schwerpunkt „Oral History Projekte" implementieren.

Der nächste Schritt auf dem Karriereweg der überzeugten Sozialdemokratin war der Aufbau der neu gegründeten Volkshochschule Landstraße. Der inhaltliche Schwerpunkt Kunst und Kultur zeigte sich nicht nur in Ausstellungstätigkeiten, sondern auch in der Abhaltung von Symposien und Gesprächsforen, wie die „Landstraßer Gespräche". Der in den folgenden Jahren implementierte Schwerpunkt „Sexualität" macht die VHS Landstraße zu einem einzigartigen Treffpunkt.

Privat beschäftigt sich die Mutter eines Sohnes gerne mit Kunst und Kultur und ist in Kulturvereinen und diversen Initiativen aktiv. Ab dem Jahr 2000 (mit-) organisierte Doris Zametzer einige Ausstellungen wie „Ihr nennt uns Menschen? Wartet noch damit!" zum 100. Geburtstag von Jura Soyfer oder „Nie wieder Krieg! Die EU – das Friedensprojekt".

Das persönliche Interview

Sie leiten seit 2019 die Wiener Urania. Vorab hatten Sie 25 Jahre lang die Leitung der VHS Landstraße über und legten hier im Programm einen Schwerpunkt auf politische Bildung. Wie sieht der Schwerpunkt in der VHS Urania aus?

Am 1. September 2019 habe ich die Direktion der Wiener Urania übernommen, leite aber weiterhin auch die VHS Landstraße. Diese Institution habe ich vor 25 Jahren neu aufgebaut und sie liegt mir sehr am Herzen. In der Landstraße setzen wir schwerpunktzentriert auf die Themenbereiche „Politische Bildung" und „Kunst".

Seit drei Jahren setzen wir nun auch auf „Sexualität"; da sind wir übrigens im deutschsprachigen Raum die einzige Erwachsenenbildungseinrichtung, die sich dieses so wichtigen Bereichs annimmt. Als Soziologin hat mich die Frage interessiert, weshalb es gerade in Zeiten des überaus liberalen Zugangs zu allen Informationen im Bereich Sexualität noch immer so viele Mythen, Falsch- und Fehlmeinungen gibt. Und die vielen grassierenden Vorurteile haben mich besonders gestört.

Wir scheinen damit jedenfalls einen Nerv getroffen zu haben, denn wir bekommen für unseren „Mut", uns dieses Themas anzunehmen, nicht nur sehr gutes Feedback aus Fachkreisen, auch die Zahl der Besucherinnen und Besucher bei unseren Veranstaltungen dazu steigt stetig.

Die Wiener Urania, das Flaggschiff der Wiener Volksbildung, positioniere ich als Haus der Frauen. Das lag irgendwie auf der Hand, ist doch einerseits die

Urania die Muse der Wissenschaften und bin ich andererseits die erste Frau in der 110-jährigen Geschichte der Wiener Urania, die die Ehre hat, sie leiten zu dürfen.

Auch hier scheint es, als hätten wir einen Nerv getroffen, es gibt großes Interesse an Kooperationen, die reichen vom Frauenministerium über Gewerkschaften bis hin zu Universitäten ... Ich arbeite daran, dass in zwei Jahren in Frauenfragen kein Weg mehr an der Urania vorbeiführt. Wir sollten das Zentrum, der Dreh- und Treffpunkt für den frauenpolitischen Diskurs sein.

Letztens fragte ein Mann an, ob er ohnehin auch willkommen sei ... Darauf kann ich nur augenzwinkernd sagen: „Selbstverständlich! ALLE unsere Angebote stehen Männern wie Frauen zum Besuch offen und je mehr Männer sich mit frauenpolitischen Themen auseinandersetzen, desto einfacher wird's für uns ;-)))"

Der zweite Schwerpunkt ist ebenfalls der Muse Urania geschuldet. Wir positionieren uns in enger Kooperation mit den Universitäten als „Haus der Geisteswissenschaften". Auch hier knüpfen wir an die 110-jährige Tradition des Hauses an. Am Beginn der Volksbildung standen Vorträge über neueste wissenschaftliche Erkenntnisse, die – im besten Sinne des Wortes – in der Urania populärwissenschaftliche Vermittlung fanden. Die Wienerinnen und Wiener liebten diese Vorträge und stürmten die Urania geradezu. Das wär auch mein Ziel ;-)

Sehen Sie im Bildungsbereich die Chancengleichheit für alle Geschlechter bereits umgesetzt und gelebt?

Bei weitem nicht. Das belegen leider auch alle Studien. Spätestens nach der Volksschule – also viel zu früh – trennen sich die Bildungswege und bleiben – bis auf wenige Ausnahmen – auf Lebensdauer festgelegt.

Im Bereich der Erwachsenenbildung gibt es in Österreich zwei Schienen: einerseits das BFI und andererseits das WIFI und die Einrichtungen der Volksbildung. Während die einen verstärkt auf berufliche Weiterbildung setzen, stehen die anderen vorwiegend für persönliche Bildung. Während die einen überwiegend von Männern besucht werden, finden wir in der anderen Einrichtung zu zwei Dritteln Frauen (übrigens sowohl bei den Hörerinnen und Hörern als auch bei den Vortragenden). Man kann also sagen: Die Volksbildung ist weiblich.

Die Volksbildung – und hier vor allem jene in Wien – ist eine der größten Errungenschaften der Sozialdemokratie. Was mich so sehr fasziniert und seit mittlerweile dreißig Jahren in Bann hält, ist, dass die Idee heute noch die gleiche Gültigkeit hat wie zur Zeit ihrer Gründung. Wir begleiten mit unseren Angeboten die Menschen „lebenslang". Was heißt das konkret? Wenn wir einen Lebenszyklus mit der Schwangerschaft beginnen lassen, dann ist die Schwangerschaftsgymnastik der erste VHS-Kurs im Leben eines Menschen. Es geht weiter mit musikalischer Früherziehung, Fußballspielen, Lernbegleitung, Englisch, Isländisch, Russisch, „Hemdenbügeln für Männer", Rhetorikseminaren, Selbstverteidigung, Rückengymnastik, Gedächtnistraining bis hin zum Vortrag „Wie vererbe ich richtig?".

Wir bieten also tatsächlich für jede Lebensphase etwas an. Und die zweite Faszination ist, dass man niedrigschwellig jederzeit einsteigen kann, dass man Menschen trifft, die sich zum gleichen Zeitpunkt für dasselbe Thema interessieren. Und diese Menschen trifft man analog, also in der wirklichen Welt. Weshalb ich „analoge Begegnung" so sehr betone, ist, weil wir durch die Corona-Pandemie sehen, wie wichtig analoger Austausch ist. Der Mensch ist ein soziales Wesen, er braucht die anderen und das nicht ausschließlich digital. Ich bin davon überzeugt, dass ein hoher Prozentsatz der Kursteilnehmerinnen und -teilnehmer zu uns kommt, um neue Kontakte zu knüpfen. Die Volkshochschulen sind wahrscheinlich der einzige Ort, wo man hochlegitimiert und für wenig Geld „Neues" im weitesten Sinn des Wortes kennenlernen kann ... Und das alles ist doch unglaublich toll, oder? Weil es ja auch wesentlich zum sozialen Frieden in dieser Stadt beiträgt.

Also, ich glaube, man merkt schon, dass ich Volksbildnerin mit Herz und Seele bin. Ich freue mich jedes Semester, dass wir mit unserem vielfältigen Programmangebot Menschen unterstützen, begleiten und letztlich auch Freude bereiten. Für mich ist das, was ich tue, die schönste Arbeit, die ich mir vorstellen kann. Dass es gelungen ist, das Feuer weiterzugeben, merkt man auch am Engagement meiner Mitarbeiterinnen und Mitarbeiter sowohl in der Landstraße als auch in der Urania.

Sie waren in Ihrem Bereich „die Erste". – War dieser (Karriere-)Weg geplant oder hat sich Ihre Laufbahn situationsbezogen entwickelt?

Ich bin ein typisches „Kreiskykind", ich habe von den Neuerungen der 1970er Jahre im Bildungssystem profitiert, wenngleich ich eine schlechte Schülerin war. Das heißt, meine Noten waren schlecht, damit war ich eine formal schlechte Schülerin. In Wahrheit war ich frühzeitig politisch sozialisiert, habe mich gegen Faschismus eingesetzt, war auf Demos für Frauenrechte und irgendwie immer im „Widerstand" gegen Autoritäten. Das alles hat meine Eltern nur bedingt gefreut.

Irgendwie habe ich dann maturiert und war zum damaligen Zeitpunkt davon überzeugt, dass entweder eine Jugendrichterin oder eine Regisseurin in mir schlummert. Das Normative des Faktischen am Juridicum beendete meine Karriereträume rasch. Es war klar, dass ich mich in dieser Struktur nicht wiederfinde.

Danach ging ich erstmal auf Reisen. Ohne Geld kann man sehr gut als Reiseleiterin reisen, und das tat ich dann. Man schickte mich nach Mykonos, Zypern, Kreta, Südafrika, Paris und auf die Malediven. Auf den Malediven verbrachte ich vier Monate ... Bitte was macht man vier Monate auf den Malediven? Während dieser Zeit las ich „Das Kapital", nur den ersten Band, von Karl Marx – ich bin sicher, dass ich der einzige Mensch auf der ganzen Welt bin, der „Das Kapital" auf den Malediven gelesen hat ;-)))

Wieder in Österreich habe ich mich daran gemacht, mein zweites Berufsziel zu realisieren. Ich sah mich ja als Regisseurin und heuerte beim großartigen linken Regisseur und Theaterleiter Dieter Haspel als Regieassistentin an. Das war eine wunderbare Zeit und ich durfte an zahlreichen wegweisenden Produktionen mitarbeiten. Gescheitert bin ich dann am Burgtheater, das mich zwar als Regieassistentin beschäftigen, aber nicht bezahlen wollte.

Das hat mich so sehr geärgert, ganz abgesehen von der Tatsache, dass ich Geld brauchte, dass ich einen kurzen Sidestep bei der Lauda Air als Flugbegleiterin einlegte. Alles in allem war das eine unerfreuliche Erfahrung, nicht nur, weil ich unter schrecklicher Flugangst leide, sondern auch, weil die Arbeitsbedingungen aus meiner Sicht verbesserungswürdig waren. Als ich – gemeinsam mit anderen – einen Betriebsrat gründen wollte, hat sich die Firma dafür entschieden, es erst mal ohne mich zu probieren.

Was ich allerdings von der Lauda Air mitgenommen habe, ist der perfekte Slogan „Service is our success" ... Dieser Anspruch begleitet mich seither tatsächlich mein ganzes Arbeitsleben, es ist die Antwort darauf, weshalb wir etwas tun. Wir tun alles für unsere Kundinnen und Kunden, aber natürlich nicht auf Kosten unserer Mitarbeiterinnen und Mitarbeiter ;-)

Der nächste - ungeplante - Schritt auf meinem Lebensweg war das Kulturmanagement-Studium in Linz. Meine Abschlussarbeit war ein „Oral History Projekt". Dieser Ansatz der Geschichtsschreibung war damals neu und total hipp. Ehemalige Arbeiterinnen und Arbeiter sowie Angestellte der Floridsdorfer Lokomotivfabrik sollten ihre Geschichte aufarbeiten. Schon beim ersten Aufruf in der „Bezirkszeitung" haben sich 35 Personen gemeldet, die gemeinsam mit anderen ihre Erinnerungen und Erlebnisse austauschen und festhalten wollten. Schlussendlich waren es mehr als 120 Lebensgeschichten.

Ich suchte also einen Ort für diese regelmäßigen Treffen und Interviews und stieß sehr bald auf die Volkshochschule Floridsdorf. Dort arbeitete ein engagierter Historiker als Programm-Manager, der von meinem Projekt begeistert war, ein gewisser Dr. Michael Ludwig. Als Dr. Ludwig aus der VHS Floridsdorf ausschied, um Bildungssekretär der Wiener SPÖ zu werden, bewarb ich mich um seine Nachfolge. Mein Karriereweg hat sich also sehr situationsbezogen und zufällig entwickelt.

Gab es Vorbilder und/oder Mentorinnen/Mentoren für Ihren Berufswunsch? Wenn ja, welche? Wie war Ihre Stellung in der Familie, Ihre Geschwisterposition?
Die Frauen in meiner Familie waren sicher Vorbilder - nicht immer in dem Sinne, dass ich werden wollte wie sie -, mitunter deshalb, weil sie mir zeigten, welches Frauenleben ich sicher nicht führen wollte. Sehr früh war mir klar, dass ich ein selbstbestimmtes Leben frei von althergebrachten Traditionen führen möchte. Ökonomische Unabhängigkeit war da der zentrale Begriff. Ich war immer getragen vom sozialdemokratischen Gedanken, von diesen unglaublichen Ideen der Chancengleichheit, der Gleichberechtigung und der Freiheit.

Meine Familie ist ein ungewöhnliches Sammelsurium aus vielen Welten. Da ist mein Vater, der als Einziger seiner Familie den Holocaust überlebte und entsprechend gebrochen war, sich aber durch unglaublichen Optimismus, unerschütterliche Menschenliebe und herausragende Tüchtigkeit auszeichnete. Ich bin das zweite von vier Halbgeschwistern, meine ältere Schwester Rosa starb, als sie nur einen Tag alt war – sie begleitet mich.

Der Mensch, der mich am stärksten geprägt hat, war sicherlich mein Mann, er war mein Mentor, mein Coach, mein Lehrer und dafür bin ich ihm unendlich dankbar. Wenn eine Frau mit einem Mann eine Beziehung auf Augenhöhe führt, ist das mit Sicherheit eine der erfüllendsten Erfahrungen, die man machen kann ... und zwar für beide Seiten ;-)

Für wie wichtig halten Sie Netzwerke auf dem Karriereweg? Männerbünde funktionieren seit Jahrhunderten. Wie sieht es hier mit weiblichen Netzwerken aus, gibt es mehr Konkurrenz als Kongruenz?

Ich habe mir über die Jahre ein Netzwerk aufgebaut, das sowohl weiblich wie auch männlich ist. Es sind großartige, gescheite und (mittlerweile) einflussreiche Menschen, die über Qualitäten verfügen, die heute manchmal aus der Mode gekommen scheinen. Damit meine ich Handschlagqualität, Anstand, Treue, Reflexionsvermögen und Beständigkeit. Alles Dinge, die mir sehr wichtig sind. Mein Netzwerk sind Freundschaften, die über die Jahre gewachsen sind und bereits gezeigt haben, dass sie halten, wenn es notwendig ist.

Wie haben Sie es geschafft, Karriere und Privatleben/Familie zu vereinen?

Völlig ungeplant wurde ich mit 42 Jahren schwanger. Der Vater meines Sohnes und ich haben uns wahnsinnig über ihn gefreut, aber es war klar und zwischen uns abgesprochen, dass ich ihn alleine großziehen werde. Neben einem Fulltime-Job, dem Anspruch, meine sozialen Kontakte weiter zu pflegen und mich nicht ganz in der Mutterrolle zu verlieren, war und ist das eine gewaltige Herausforderung. Mein Sohn und ich haben heute ein sehr gutes, wenngleich nicht immer konfliktfreies Verhältnis und ich denke, ich habe den Spagat zwischen Beruf und Familie geschafft. Ich zolle jedenfalls jeder alleinerziehenden Mutter allergrößten Respekt, denn das ist wahrhaftig alles andere als eine leichte Aufgabe.

Als vor einem Jahr die Direktion der Wiener Urania ausgeschrieben wurde, habe ich entschieden, mich zu bewerben und diese neue Herausforderung anzunehmen. Mein Sohn ist sehr stolz auf mich, er sagt mir das immer wieder, und das freut mich natürlich, weil ich der Meinung bin, dass „Vorbild" die beste Erziehung ist. Was er aber wirklich großartig findet, ist, dass ich jetzt abends noch seltener zuhause bin ;-)

Ich bin seit mehr als dreißig Jahren in einer Führungsposition. Wenn ich mir überlege, was die entscheidenden Kriterien für eine Frau in einer Führungsposition sind, dann würde ich neben hoher Fachkenntnis Folgendes meinen: Man braucht große Leidenschaft und einen starken Optimismus für die Sache, man muss lernen, mit Anfeindungen und teilweise haarsträubenden Untergriffen zu leben, man darf nicht den Wunsch haben, von allen Menschen geliebt zu werden.

Von Vorteil ist es, wenn man über eine große Portion Humor und Lebensfreude verfügt. Schafft man es darüber hinaus, noch authentisch und empathisch zu bleiben, ist man mit hoher Wahrscheinlichkeit eine gute weibliche Führungskraft.

Die Wissenschaftlerin

Was bedeutet nun wissenschaftliches Arbeiten im Angesicht der soziokulturellen und sozioökonomischen Situation der Frau ab dem 18./19. Jahrhundert ohne Zugang zu weiterführenden höheren Schulen oder Universitäten, bzw. mit welchem Frauenbild haben wir es in dieser Zeit zu tun?

Ich möchte anhand unterschiedlicher Frauenbiografien aufzeigen, wie Frauen es schafften, sich in einem frauenfeindlichen System mit starkem Willen, Mut, Energie, Fleiß und Entbehrungen, dem männlichen Diktat trotzend, Zugang zu den Wissenschaften zu verschaffen und so eine Vorreiterrolle für eine bessere Bildung von Mädchen und Frauen zu übernehmen. Die Frauen stammten aus gebildeten bürgerlichen Familien, die ihre Kinder unabhängig vom Geschlecht förderten und unterstützten.

An den Universitäten mit dem Schwerpunkt Naturwissenschaften und Technik gibt es mittlerweile Abteilungen für Genderkompetenz. Deren Schwerpunkte sind, wie z. B. an der Wiener Technischen Universität, Genderforschung und Forschung zur Gleichstellung der Geschlechter, frauenspezifische Personalentwicklung für Mitarbeiterinnen, Förderungsmaßnahmen für Schülerinnen, Studentinnen und Nachwuchswissenschaftlerinnen sowie Beratungstätigkeit.

107 (1866–2011) gewählte Rektoren bzw. fünf ernannte Direktoren (1815–1866) später steht erstmals 2011 eine weibliche Rektorin in Person von Sabine Seidler, o. Univ.-Prof., Dipl.-Ing., Dr. techn., an der Spitze der Technischen Universität Wien.

Bevor sich jedoch die Türen der Hörsäle für Studentinnen öffneten, erhielten Mädchen in der häuslichen Umgebung Unterricht. Voraussetzung war, dass der Bildungswille seitens des Vaters oder Vormundes vorhanden war, erst dann erfolgte der Unterricht durch den Vater oder einen Lehrer.

Sofja Kovalevskaja

Weltweit die erste Professorin für Mathematik

3. Jänner 1850 bis
29. Jänner 1891

Die erste Frau, die in Mathematik promovierte und die 1884 an der Universität Stockholm die weltweit erste Professorin für Mathematik wurde, die selbst Vorlesungen hielt.

„Ich muss gestehen, dass ich damals geradezu nichts von dem verstand, aber es war, als ziehe mich eine unwiderstehliche Macht zu dieser Beschäftigung." Hier handelt es sich nicht um die Beschreibung einer mystischen Séance bürgerlicher Damen in ihren Salons. Es ist dies die Beschreibung eines wissbegierigen elfjährigen Mädchens, das frühzeitig durch seinen Onkel dazu animiert wurde, den „Rätseln" der Mathematik auf den Grund zu gehen. Diese Geheimnisse standen auf Sofja Kovalevskajas Kinderzimmertapete im Gut auf dem Lande. Die Wände waren als Notlösung mit alten Materialien zu Vorlesungen über Differential -und Integralrechnungen, die ihr Vater gehört hatte, beklebt worden. In weiterer Folge erhielt sie in Petersburg Mathematikunterricht. Dass sich zwei Gerade in der Unendlichkeit treffen, eröffnete ihr die philosophische Seite der Mathematik, die sie ein Leben lang begleiten sollte. Die Freiheiten der Frauen waren auf das häusliche Umfeld beschränkt, studieren oder ins Ausland reisen bedurfte einer männlichen Erlaubnis. So ging Sofja eine „Scheinehe" mit Wladimir Onufrijewitsch Kowalewsky ein. Beide gingen zum Studium nach Deutschland, Sofja verbrachte drei Jahre an der Universität in Heidelberg, die Frauen den Zugang zu einem Studium ermöglichte. 1869 war sie die erste Hörerin an der Ruperto Carola. „Auf „Probe", ein „Versuch", der auf reges Interesse bei Frauen stieß. Dass sie für weitere Studien in Berlin nicht zugelassen wurde, enttäuschte sie sehr.

Erst im Wintersemester 1908/09 durften Frauen erstmals an der Friedrich-Wilhelms-Universität in Berlin immatrikulieren. Die Skepsis gegenüber studierenden Frauen war groß, sie waren eher geduldet und mussten durch erhöhten Fleiß und Ausdauer sich ständig beweisen. Einige „Professores" ließen in ihren Beurteilungen - wie „Die Arbeit macht einen bedenklich dilettantischen Eindruck. Wie überhaupt die allgemeine Schreibweise etwas allzu weibliches an sich hat." - ihren Bedenken freien Lauf.

In der Person des Berliner Universitätsprofessors Karl Theodor Wilhelm Weierstraß, der von der außerordentlichen mathematischen Begabung der schüchternen Studentin überzeugt war, fand Sofja Kovalevskaja einen unterstützenden und prägenden Lehrmeister. In den zwei Jahren, die sie in Berlin verbrachte, schrieb sie drei Dissertationen und reichte sie an der Universität Göttingen ein. Diese beeindruckenden Arbeiten entbanden sie der obligaten mündlichen Prüfung und sie wurde mit 24 Jahren Doktorin der Philosophie „summa cum laude". Durch den Abdruck eine ihrer Arbeiten in dem wissenschaftlich wichtigsten „Journal für die reine und angewandte Mathematik", kurz „Crelles Journal", wurde sie in den naturwissenschaftlichen Adelsstand erhoben. Es folgten Jahre in ihrer Heimatstadt St. Petersburg, 1878 kam ihre Tochter zur Welt. Das Leben und das politische Klima ließen ihr wenig Zeit, ihre wissenschaftliche Karriere voranzutreiben, erst die Reisen nach Europa mit den Schwerpunkten Stockholm und Paris, die Auseinandersetzung mit anderen Wissenschaftlern beflügelten ihre wissenschaftlichen Studien. 1881 trennte sie sich von ihrem Mann; das bedeutete auch, sich und ihre Tochter selbst zu versorgen. Der soziale Status, getrennt und alleinerziehend, keine Geldmittel – die hatte ihr Gatte verspekuliert –, besserte sich erst nach dem 1883 begangenen Selbstmord ihres Mannes. Jetzt war sie Witwe, ein sozial anerkannter Status. Durch Veröffentlichung ihrer Arbeiten in der „Acta Mathematica" erlangte sie internationale Bekanntheit. Sie beherrschte drei Sprachen fließend, als vierte sollte Schwedisch folgen. In dieser unterrichtete sie 1883/84 anfänglich als Dozentin an der 1878 gegründeten Alma Mater in Stockholm, bereits nach einem Jahr als ordentliche Professorin, befristet auf fünf Jahre.

Eine mathematische Aufgabe, die lange ungelöst bleiben sollte, beschäftigte Sofja schon sehr früh: „Über die Bewegung eines starren Körpers um einen festen Punkt unter dem Einfluß der Schwerkraft." Sofjas wissenschaftliche Arbeit zur Entschlüsselung dieser Frage wurde 1888 als einer von 15 anonym eingereichten Beiträgen mit dem Preis der Pariser Akademie der Wissenschaften ausgezeichnet. 1889 ging das befristete Dienstverhältnis in ein unbefristetes über. Nach einer falsch behandelten Lungenentzündung verstarb Sofja Kovalevskaja 41-jährig.

Recht auf Bildung, unabhängig vom Geschlecht, gleiche Rechte für Frauen, dafür setzte sich Sofja Kovalevskaja als politisch interessierte Wissenschaftlerin zeitlebens ein.

Emmy Noether

Die Erste, die in Deutschland eine außerordentliche Professur erhielt

23. März 1882
bis 14. April 1935

Die erste Frau, die sich in Mathematik habilitierte und die erste Frau in Deutschland, die eine außerordentliche Professur erhielt.

Sie schuf mit ihrer Abstrakten Algebra die Basis für das heutige Verständnis von Informatik. Man nennt sie auch „Mother of modern algebra" und das Emmy-Noether-Theorem fand Eingang in die Physikbücher.

Die Mathematische Fakultät der Georg-August-Universität Göttingen widmete der berühmten Mathematikerin im Jahr 2001 eine Ausstellung unter dem klassischen Titel „Leben und Werk der Mathematikerin Emmy Noether 1882–1935". Dagegen beschreibt der Titel des Vortrags von Dr.[in] Mechthild Koreuber, Dipl.-Math., Frauenbeauftragte der Freien Universität Berlin – „Die Lust an der Mathematik – Emmy Noether als Lehrende und Forschende" –, Emmy Noethers wissenschaftlichen Zugang zu der für Frauen so atypischen Wissenschaft. Die Lehrende und die Forschende – zwei tragende Säulen ihrer wissenschaftlichen Existenz, die aber einen Makel in sich trugen: Frau und Jüdin. Ersteres beschränkte sie in ihrem freien Bildungszugang und Zweiteres entzog ihr im Nationalsozialismus alle Lehrbefugnisse.

Dass sie erstmals 1919 eine Vorlesung, „Analytische Geometrie", unter ihrem eigenen Namen halten durfte, spricht für ihre Ausdauer, denn vergeblich versuchte sie einen Antrag auf Habilitation zu bekommen und eine Lehrbefugnis zu erhalten , obwohl mathematische Koryphäen wie die Mathematiker Felix Klein und David Hilbert von ihrer Forschungstätigkeit überzeugt waren. Mit dem Satz, dass eine Fakultät keine Badeanstalt sei, in der Fakultät könnten sich Männer und Frauen gemeinsam aufhalten, wischte Hilbert die Bedenken so mancher Universitätsprofessoren gegenüber wissenschaftlich arbeitenden Frauen burschikos vom Tisch. So hielt 1915 „Frl. Dr. Noether" als „Unterstützung" von Prof. Hilbert zur Invariantentheorie eine Vorlesung.

Emmy Noether, die als Älteste mit drei Brüdern aufwuchs, legte 1900 ihre Staatsprüfung für das Lehramt Englisch und Französisch an der Höheren Töchterschule ab. 1903 durften Frauen an bayerischen Universitäten immatrikulieren jedoch nur als Gasthörer. Emmy Noether besuchte u. a. Vorlesungen in Mathematik bei ihrem Vater, Dr. Max Noether. 1903 wechselte sie nach Göttingen, ging krankheitsbedingt dann nach Erlangen zurück. wo sie 1907 ihr Mathematikstudium als einzige Frau unter 47 Mathematikstudenten mit Dr. phil „summa cum aude" abschloss. 1909 wurde sie in die Deutsche Mathematiker-Vereinigung aufgenommen und hielt auf der Jahresversammlung in Salzburg als erste Frau einen Vortrag. Von 1907 bis 1915 arbeitete sie als „freie Wissenschaftlerin", meist ohne Bezahlung, und musste noch von ihrer Familie unterstützt werden. Das Los einer unverheirateten Wissenschaftlerin. 1922 wurde sie zur außerordentlichen Professorin ernannt, doch die Geldmittel flossen noch immer nicht. Ihre finanzielle Situation wurde immer prekärer. Erst 1923 erhielt sie einen Lehrauftrag mit eigener Vergütung. Mit 41 Jahren war sie erstmals nicht von Familie und Verwandten abhängig. Als Lehrende war sie „Spiritus Rector", als Wissenschaftlerin Begründerin der modernen axiomatischen Algebra, als Frau Kämpferin gegen eine frauenfeindliche Atmosphäre an den Universitäten, als Sozialdemokratin überzeugte Pazifistin und als Jüdin schlussendlich zur Emigration in die USA gezwungen. Sie nahm eine Gastprofessur am Bryn Mawr College an und hielt zusätzlich Vorlesungen am Institute for Advanced Studies in Princeton. 1935 starb sie an den Folgen einer Operation.

Die Deutsche Forschungsgemeinschaft schuf ein Forschungsförderprogramm unter dem Namen „Emmy-Noether-Programm" für Wissenschaftler*innen.

Cäcilie Wendt

Die erste Frau, die am Institut für Mathematik promovierte

4. Mai 1875
(Sterbedatum unbekannt)

Cäcilie Wendt war die erste Frau, die in Österreich als Externistin die Matura ablegte und ab 1896 an der Philosophischen Fakultät als Gasthörerin und ab 1897 als ordentliche Hörerin ihr Studium der Mathematik, Physik und Philosophie begann. Im Jahr 1900 schloss sie dieses mit dem Doktorat ab. Tatsächlich war sie sogar die erste promovierte Frau im Bereich der heutigen Naturwissenschaftlichen Fakultät und die dritte Frau an der gesamten Universität Wien; korrekterweise sogar die erste, da die beiden früheren Promovendinnen - u. a. Gräfin Gabriele von Wartenslebens, die in Zürich, Leipzig und Heidelberg klassische Philosophie und Archäologie studierte - zwar an der Universität Wien promovierten, ihr Studium aber im Ausland absolviert hatten, nicht in Österreich. Die erste Promotion einer Frau in Mathematik in Österreich außerhalb der Universität Wien erfolgte erst 1923 in Innsbruck. Cäcilie Wendt gab ab 1901 ihr Wissen am ersten Mädchengymnasium des Vereins für erweiterte Frauenbildung (1892–1939) an junge Mädchen weiter.

Die erste Frau Österreichs, die 1903 an der Universität Wien in Physik zum Doktor der Philosophie promoviert wurde, war Olga Ehrenhaft-Steindler. Nach ihrer Promotion widmete sie sich der Lehrtätigkeit und setzte sich für die Frauenbildung ein.

Elise Richter

Die erste Professorin an der Universität Wien

2. März 1865 bis
21. Juni 1943

Elise Richter wuchs in einem gutbürgerlichen jüdischen Haushalt auf. Ihr Vater Dr. Maximilian Richter war Chefarzt der k.k. priv. Südbahngesellschaft, ihre Mutter kümmerte sich um die Erziehung der Töchter. Nach erfolgtem Privatunterricht legte Elise Richter als erste Frau 1897 am Akademischen Gymnasium in Wien (wie Gabriele Possanner und Lise Meitner) die Externistenmatura ab.

Als eine der ersten Frauen inskribierte sie im selben Jahr als ordentliche Hörerin Romanistik, allgemeine Sprachwissenschaft, klassische Philologie und Germanistik an der Universität Wien und promovierte 1901 zur Doktorin der Philosophie.

1907 habilitierte sie sich als erste Frau an der Universität Wien, nachdem sie drei Jahre dafür gekämpft hatte, und wurde von „Ministergnaden" zur Privatdozentin ernannt. Denn der damalige Dekan hielt es für „grundsätzlich unmöglich, dass sich Männer von Frauen unterrichten lassen". Sie erhielt die Lehrberechtigung für romanische Philologie sowie eine unbezahlte Dozentur. 1921 wurde ihr als erste Frau in Österreich der Titel einer außerordentlichen Universitätsprofessorin verliehen und sie bekam einen Lehrauftrag für romanische Sprachwissenschaften, Literatur und Phonetik. Der Titel des Ordinarius blieb ihr jedoch verwehrt. 1922 gründete sie auf Ersuchen der „International Federation of University Women" mit Sitz in London den „Verband der akademischen Frauen Österreichs", dessen Vorsitzende sie bis 1930 blieb. Von 1928 bis 1938 arbeitete sie mit Unterbrechungen als Wissenschaftlerin am Phonogrammarchiv der Akademie der Wissenschaften in Wien. 1938 wurde mit dem „Anschluss", wie bei vielen jüdischen Wissenschaftlerinnen und Wissenschaftlern, ihr Leben auf

Das langsame Vortasten zur ordentlichen Hörerin an der Technischen Hochschule (TH) Wien (1975 Umbenennung in Technische Universität (TU))

den Kopf gestellt. Sie wurde aller Posten enthoben, durfte das Phonogrammarchiv nicht mehr betreten. Ob sie die Zeichen der Zeit nicht richtig einschätzen konnte, bleibt unbeantwortet. 1939 hätte sie gemeinsam mit ihrer Schwester, einer angesehenen Anglistin und Theaterwissenschaftlerin, nach Großbritannien emigrieren können. Beide blieben in ihrem Haus in Döbling, bis dieses arisiert wurde und sie mittellos in ein jüdisches Altersheim übersiedeln mussten. Elise Richter wurde am 9. Oktober 1942 gemeinsam mit ihrer Schwester Helene in das Ghetto Theresienstadt deportiert. Helene verstarb wenige Wochen später, Elise kam dort 1943 im Alter von 78 Jahren um. Der Name Elise Richter ist heute mit einer Straße, einem Hörsaal, einem Frauenförderprogramm des Wissenschaftsfonds (FWF) sowie einem literarischen Denkmal verbunden. Die Tagebücher von Elise Richter aus den Jahren 1938–1941 sind in einer digitalen Gesamtausgabe von der Universität Wien aufgearbeitet worden.

Mathilde Hanzel

Die erste Gasthörerin an der Technischen Hochschule Wien

27. Mai 1884
bis Oktober 1970

Mathilde wuchs als Dritte von fünf Töchtern in einem Lehrerinnen-Lehrer-Haushalt auf. Mathildes Mutter unterrichtete ihre Töchter im Grundschulalter selbst. Nach der Übersiedelung nach Wien schloss Mathilde 1903 die Ausbildung zur Lehrerin in der k. u. k. Lehrerinnenbildungsanstalt Wien I, Hegelgasse 14, mit „brillantem Reifezeugnis" ab, arbeitete als Bürgerschullehrerin, legte dann die Matura ab und bewarb sich an der Technischen Hochschule (TH) Wien um eine Zulassung als Studentin. Ihre Beschäftigung mit Mathematik und den Naturwissenschaften sowie ihre Bekanntschaft mit ihrem späteren Mann Ottokar Hanzel hatten ihr Interesse für ein Studium an der TH Wien geweckt. Endlich nach zwei Jahren durfte sie als erste Frau, jedoch nur als Gasthörerin für einzelne Vorlesungen aus Gebäudehygiene und Volkswirtschaftslehre, im Studienjahr 1908/09 Vorlesungen besuchen. „Früh war ich mir bewusst, welch mangelhafte Bildungsmöglichkeiten damals noch für Mädchen bestanden, und wollte daher meinen Teil dazu beitragen, zu beweisen, dass keinerlei Studium für Frauen zu schwer sei." Dies erläuterte sie in ihrem Lebensrückblick 1953. Nach der Heirat mit Ottokar Hanzel 1910 blieb sie weiterhin Bürgerschullehrerin II. Klasse, setzte aber ihre Studien nicht mehr fort. Zwei Töchter, 1911 und 1914 geboren, machten die Familie komplett. Trotz Familie gab sie ihre Berufstätigkeit nicht auf und engagierte sich zusätzlich von 1910 bis 1914 als Vizepräsidentin des „Allgemeinen Österreichischen Frauenvereins", dessen Gründerin und Präsidentin Auguste Fickert war. Der Verein verstand sich als ein politischer Frauenverein, zu dessen wichtigsten Zielen die Erlangung des Frauenwahlrechts und der freie Zugang zu allen Bildungseinrichtungen für Frauen gehörte.

Von 1926 bis 1934 war Mathilde Hanzel Direktorin der Bürgerschule in der Redtenbachergasse im 17. Bezirk, musste aber 1934 aus dem Berufsleben ausscheiden. Die Dollfuß-Regierung führte das sogenannte „Doppelverdienergesetz" ein, das verheirateten Frauen im öffentlichen Dienst eine Erwerbstätigkeit untersagte. „Ich erkläre meine Bereitwilligkeit, mich trotz voller Arbeitsfähigkeit in den Ruhestand versetzen zu lassen, nur aus dem Grunde, um damit in diesen für junge Kräfte fast aussichtslosen Zeiten meinen Teil beizutragen, daß Platz geschaffen werde."

Bildungs- und sozialpolitisch war sie in der Zwischenkriegszeit von 1935 bis 1938 in der „Internationalen Frauenliga für Frieden und Freiheit" tätig und nach dem Zweiten Weltkrieg im Verein „Frauenarbeit-Frauenhilfe".

Die ersten außerordentlichen Hörerinnen (alle 1913/14) waren Olga Graf, Anna Kokoschka, Wenzeslawa Mach, Aurelia Müller und Matia v. Ziegelmayer; alle hatten für das Lehramt an Höheren Handelsschulen/Darstellende Geometrie inskribiert (was anderes war nämlich nicht erlaubt).

Mit Erlass vom 7. April 1919 durften sie auch an Technischen Hochschulen inskribieren – allerdings nur, soweit sie „ohne Schädigung und Beeinträchtigung der männlichen Studierenden nach den vorhandenen räumlichen und wissenschaftlichen Einrichtungen der einzelnen Hochschulen Platz finden können". Und das bedeutete für Frauen, zugunsten des Mannes auf einen Studienplatz zu verzichten. Im Wintersemester 1919/20 gab es zwanzig ordentliche Hörerinnen, 1925/26 bereits sechzig. Die beliebtesten Fächer waren Chemie und in weiterer Folge Architektur. Die Studienerfolge konnten sich durchaus sehen lassen. Dies merkte auch der damalige Rektor Dr. Hugo Seidler in einem Artikel anlässlich einer Festschrift zum Frauenstudium an der TH Wien an.

Margarete (Rita) Janke-Garzuly war die erste Frau, die sich 1940 an der Technischen Hochschule Wien habilitierte.

Ada Lovelace

Die Namensgeberin der
Computersprache ADA

10. Dezember 1815 bis
27. November 1852

Unkonventionell war sie, Augusta Ada Byron (verehelichte Ada King, Countess of Lovelace). Ihre Leidenschaft galt mathematischen Schriften. Schon früh ließ sie ihre dominante Mutter, Lady Annabelle Byron, geborene Milbanke (1792–1860), verheiratet mit dem exzentrischen Poeten Lord Byron – die Ehe hielt nur ein Jahr und wurde gegen alle damals herrschenden Konventionen geschieden –, insbesondere in naturwissenschaftlichen Fächern unterrichten, um jede „Byron'sche" Charakterregung in ihrer Tochter zu unterdrücken.

Doch bereitete Ada zeitlebens Musik – sie spielte leidenschaftlich gerne Harfe – große Freude und sie interessierte sich auch für Literatur. Bereits im Alter von vier Jahren wurde sie u. a. in Mathematik unterrichtet. Ein nicht besonders geliebter Unterrichtsgegenstand, der ihr Denken formte und den sie als „'poetical science', the art of combining, science, mathematics and imagination" bezeichnete, denn jeder aufkeimende Funke „Byron'scher Romantik" wurde mit Disziplinierungsmaßnahmen unterbunden. Ada konterte diese mit langwierigen Krankheiten physischer und psychischer Natur. Zur Schmerzlinderung diente „Godfrey's Cordial", ein Sirup aus Laudanum und Morphium, der damals in allen gesellschaftlichen Kreisen als „Medizin" eingesetzt wurde. Das viktorianische England nahm gegenüber Frauenbildung eine sehr konservative Haltung ein. Ein Studium war männlichen Adeligen vorbehalten, Frauen hingegen war der Besuch von Universitäten, Bibliotheken oder Akademien zumeist untersagt. Bildung konnten Frauen der oberen Schichten im häuslichen Umfeld, in Salons oder auf Soireen erwerben, wo oftmals innovative Technologien einem interessierten männlichen wie weiblichen Publikum vorgestellt wurden. In diesem Rahmen setzten auch Wegbegleiterinnen Adas immer wieder neue Impulse, so auch Mary Somerville, Mathematikerin und Astronomin und eine enge Freundin der Familie.

Bei einer dieser abendlichen Soireen lernte die 17-jährige Ada Byron Charles Babbages Modell der „Difference Engine", einer automatischen Rechenmaschine, kennen. Der Grundstein für eine enge Zusammenarbeit, die auch intensive Briefwechsel belegen, war gelegt. Für ein weiteres Modell – die programmgesteuerte „Analytical Engine" – entstanden 1834 neue Pläne. Zur „Programmierung" der Maschine griff Charles Babbage auf das Lochkartensystem der Jacquard-Webstühle zurück. Dies bewegte Ada zur Aussage: „Die Analytische Maschine webt algorithmische Muster, gerade so wie der Jacquard-Webstuhl Blätter und Blüten webt." 1835 heiratete Ada Lord William King, den späteren Earl of Lovelace. Nach der dritten Geburt begann sie sich wieder vermehrt mathematischen Studien zu widmen. Der erste Mathematikprofessor der neu gegründeten University of London, Augustus De Morgan (1806–1871), war einer ihrer wichtigsten Tutoren. Bei ihm betrieb sie eine Art Fernstudium. Er diskutierte mit ihr alle mathematischen Probleme und Fragestellungen und war voll des Lobes für sie: „Wäre Ada ein Mann, hätte sie das Potential für einen mathematischen Erfinder, vielleicht sogar einen, der es zu hohen Auszeichnungen bringen könnte." Der italienische Mathematiker Luigi Menabrea verfasste eine Beschreibung der „Analytical Engine" auf Französisch, die auf Wunsch von Charles Babbage von Ada Lovelace ins Englische übersetzt wurde. Sie stellte darin detaillierte Überlegungen an, welche Probleme mit Hilfe der „analytischen Maschine" – einer Maschine, die übrigens nie gebaut wurde – zu lösen wären und auf welche Weise die Operationen organisiert werden müssten. Ihre Initialen „A.A.L." kennzeichneten ab nun ihre mathematischen Forschungen und Artikel. Somit legte diese Arbeit den Grundstein zu Adas späterem Ruhm als „Programmiererin". Die viktorianische Gesellschaft war noch nicht reif für Frauen wie Lady Lovelace. Ihre mathematischen Studien, denen sie sich zunächst mit großem Interesse gewidmet hatte, traten allmählich zugunsten von Musik und anderen Leidenschaften mit Suchtpotential, wie Pferdewetten, in den Hintergrund. Krebs setzte ihrem intensiven Leben ein frühes Ende.

Grace Brewster Murray Hopper

Die Mutter des Compilers

9. Dezember 1906 bis
1. Januar 1992

Grace Murray Hopper war eine US-amerikanische Computerspezialistin und der erste weibliche Konteradmiral (Rear Admiral, US Navy).

Grace Hopper und UNIVAC

Sie studierte an der Yale University Mathematik und promovierte dort 1934. Von 1944 bis 1946 war sie bei der US-Marine aktiv. Während dieser Zeit führte sie mit dem 1944 fertiggestellten Computer Mark I an der Harvard University mathematische Berechnungen durch. Zudem leitete sie den Aufbau von Mark II.

Entgegen der damals herrschenden Ansicht war Grace Hopper schon Ende der 40er Jahre von den breiten Anwendungsmöglichkeiten von Computern überzeugt. Als Voraussetzung dafür schien ihr jedoch anwendungsfreundliche Software unabdingbar zu sein. Sie wechselte 1949 in eine junge Computerfirma, mit der sie wenig später den ersten kommerziellen Computer, UNIVAC I, präsentieren konnte. Ende 1951 entwickelte sie das Konzept eines Programms, das Programmierkommandos in Maschinensprachencodes umwandelte, auch Compiler genannt, und die Grundlage für die Programmiersprache COBOL bildete. Grace Hopper war die Erste, die ein kaufmännisches Vokabular für die Datenverarbeitung anlegte, und sie entwickelte 1956 mit FLOW-MATIC die erste Programmiersprache, die für Daten und Befehle umgangssprachliche Wörter (z. B. Compare, Replace, Price) verwandte. Diese Sprache bildete das zentrale Modell für die

Definition von COBOL, der bis heute weltweit meistgenutzten wirtschaftsorientierten Programmiersprache.

Grace Brewster Murray Hopper verglich das Programmieren mit der Vorbereitung eines guten Abendessens: gute Planung im Vorfeld, alle Komponenten vorbereiten und dann, wenn man sie braucht, verarbeiten. *„Programming requires patience and the ability to handle detail. Women are ‚naturals' at computer programming."* Diese Konnotierung trug natürlich nicht zur beruflichen Emanzipation bei, zumal sie die sogenannten natürlich zugeschriebenen Eigenschaften der Frauen damit verstärkte.

Mit sechzig Jahren wollte „Amazing Grace" ihren Ruhestand antreten, wurde aber als Beraterin in die Navy zurückgeholt, um diese bei der Problemstellung von Computerprogrammen zu unterstützen. Sie war sich sehr bewusst, dass sie maßgeblich ein Jahrhundert mitgeprägt hatte. Etliche Ehrungen wurden ihr zuteil.

Männlicher Erfindergeist versus verkannte Pionierinnen – ein Museum deckt auf

Museen sind Wissensbewahrer und Wissensvermittler. Sie sammeln Objekte der Menschheitsgeschichte und erzählen selbst Geschichten. Technische Museen zeigen großteils männliche Errungenschaften. Aber wie groß war die Teilhabe von Frauen an der Technikgeschichte? Auch sie waren forschend und wissenschaftlich tätig und haben ebenso Technikgeschichte geschrieben. Ein sichtbares Zeichen hat das Technische Museum Wien mit seiner Frauengalerie gesetzt. Ermöglicht hat das

Dr.^{in} Gabriele Zuna-Kratky

Die erste Direktorin eines Bundesmuseums

8. September 1957

Hofrätin Dr.^{in} Gabriele Zuna-Kratky war von 1. Jänner 2000 bis 31. Dezember 2019 Direktorin des Technischen Museums Wien. Ihre Berufung in diese Position war eine kleine Sensation, da sie die erste Direktorin eines österreichischen Bundesmuseums war.

Ihre Ausbildung absolvierte Gabriele Zuna-Kratky breitgefächert: Auf Anraten der Großeltern, „etwas Ordentliches zu lernen", begann sie ein Studium an der Pädagogischen Akademie des Bundes, obwohl sie lieber Zoologie studiert hätte. Sie schloss das Studium mit der Lehramtsprüfung in bildnerischer Erziehung, Deutsch, Englisch, Lebenskunde ab und war von 1981 bis 1988 im Lehramt für Polytechnische Lehrgänge tätig. Diese Zeit als Lehrerin von Jugendlichen beschreibt sie als „perfekte Vorbereitung" für alle späteren Jobs in puncto Umgang mit Menschen.

Berufsbegleitend studierte sie Soziologie und Erziehungswissenschaft an der Universität Wien und promovierte 1988 zur Doktorin der Philosophie. Den idealen Job fand sie in der Abteilung Schulfernsehen/Schulfunk und Medienerziehung des Bundesministeriums für Unterricht und Kunst. Dieser Medienerfahrung folgend wurde sie 1997 zur Direktorin der Österreichischen Phonothek, eines audiovisuellen Archivs, bestellt und bewerkstelligte eine komplette Neustrukturierung und Modernisierung.

Drei Jahre später übernahm Gabriele Zuna-Kratky die Leitung des Technischen Museums Wien (TMW) und gliederte die Phonothek (seit 2000 Österreichische Mediathek) als Abteilung in das TMW ein. Als erste große Herausforderung in dieser neuen Position hatte sie die Überleitung des TMW in eine Anstalt öffentlichen Rechts zu begleiten und die Fertigstellung des generalsanierten Museums zu bewerkstelligen.

Da nur eine Tätigkeit der energiegeladenen Museumsdirektorin immer zu wenig war, übernahm sie stets noch einige andere Aufgaben und war in diversen Aufsichtsräten und Gremien beschäftigt.

Gabriele Zuna-Kratky, die seit vielen Jahren glücklich verheiratet ist, kann ihr Domizil im Burgenland seit ihrer Pensionierung am 1.1.2020 nun mit Pferd und Hund so richtig genießen und ihre Liebe zur Natur ausleben.

Obwohl Gabriele Zuna-Kratky mit dem Wahlspruch „Höre nie auf zu lernen" ihren Karriereweg nie plante, liest sich ihr Lebenslauf wie die vorgegebene Erfolgsgeschichte einer Frau, die sich Herausforderungen zutraut und es vermag, diese erfolgreich umzusetzen.

Das persönliche Interview

Sie waren die erste Direktorin eines Bundesmuseums und noch dazu eine der ersten auf technischem Gebiet. War dieser (Karriere-)Weg geplant oder hat sich Ihre Laufbahn situationsbezogen entwickelt? Hatten Sie jemals „geplant", in Ihrem Fach „die Erste" zu werden?
Es gab nach meiner Matura keinen Karriereplan. Meine Vorlieben lagen im Bereich der Biologie bzw. Zoologie. Auf Geheiß meiner Familie allerdings begann ich ein Lehramtsstudium und übte diesen Beruf dann auch einige Jahre aus. Nach Beendigung meines Soziologiestudiums ergab sich eine Stelle im Bundesministerium für Unterricht im Bereich Medienerziehung, die ich übernahm. Ebenfalls mit Medien konnte ich mich ab 1997 als Direktorin der Österreichischen Phonothek beschäftigen. Von 2000 bis 2019 durfte ich die Geschicke des Technischen Museums Wien lenken und war hier die erste Direktorin dieses Techniktempels.

Mit gesundem Ehrgeiz ausgestattet, war es mir immer wichtig, jede Position perfekt umzusetzen, ich hatte jedoch nie geplant, die Nummer eins zu sein.

Was war für Sie die größte Herausforderung in Ihrer Laufbahn?
Jede berufliche Laufbahn inkludiert vielfältige Herausforderungen – ich denke die größte ist es, seine Stärken und Schwächen zu erkennen und seinen ganz persönlichen Weg zu finden. Die Übernahme der Direktion des Technischen Museums Wien war durchaus die größte Herausforderung für mich, da ich die erste Frau in dieser Position und zudem keine Technikerin war.

Sie leiteten zwanzig Jahre das Technische Museum Wien und hatten auch einige Aufsichtsratsposten inne. Sehen Sie sich als Role Model? Sehen Sie in Ihrem Bereich die Chancengleichheit für alle Geschlechter bereits umgesetzt und gelebt?
Als ich im Jahr 2000 die Museumsleitung übernahm, trat ich in einen sehr männerdominierten Bereich ein und wurde somit als Vorreiterin beschrieben. Da leider auch heute noch Frauen in Aufsichtsratsposten selten zu finden sind, sehe ich mich hier gerne als Role Model, um anderen Frauen Mut zu machen, höhere Positionen anzustreben. Obwohl seit vielen Jahrzehnten an der Gleichstellung gearbeitet wird, besteht auch heute immer noch Bedarf, die rechtlich festgelegten Vorgaben auch umzusetzen und eine echte Chancengleichheit zu

gewährleisten. Zukünftig sollten noch mehr Frauen es in allen wirtschaftlichen und wissenschaftlichen Bereichen an die Führungsspitze schaffen.

Gab es Vorbilder und/oder Mentorinnen/Mentoren für Ihren Berufswunsch? Wenn ja, welche? Wie war Ihre Familiensituation bzw. Ihre Geschwisterposition?
Meine Großeltern könnte man als meine ersten Mentoren bezeichnen, da sie meine Lebensplanung sehr positiv begleitet haben. Später haben mich Frauen, die sich verstärkt für Frauenrechte und Bildung einsetzten – wie Johanna Dohnal, die erste Frauenministerin Österreichs (1990–1995), und Elisabeth Gehrer, von 1995 bis 2007 österreichische Bildungsministerin –, begeistert.

Da ich ein Einzelkind bin, musste ich von Kindheit an lernen, mir Wege zu ebnen bzw. Wünsche mit Kreativität durchzusetzen.

Für wie wichtig halten Sie Netzwerke auf dem Karriereweg? Männerbünde funktionieren wunderbar. Das zeigt uns immer wieder die Geschichte. Wie sieht es hier mit weiblichen Netzwerken aus, gibt es mehr Konkurrenz als Kongruenz?
Netzwerke sind ein durchaus wichtiges Tool auf dem Karriereweg, doch man sollte deren positive Bilanz nicht überbewerten. Ich war und bin Mitglied sowohl in Frauennetzwerken als auch in männerdominierten Vereinigungen.

Selbstverständlich agieren reine Frauennetzwerke ein wenig unterschiedlich zu gemischten Bünden, doch ich sehe auch Konkurrenz als eher positiv und befruchtend an.

Wie haben Sie es geschafft, Karriere und Privatleben/Familie zu vereinen, oder haben Sie Ihre Karriere ins Zentrum gestellt? Diese typische Frage stellt man nur Frauen. Warum wird sie immer noch Frauen gestellt?
Um den Spagat zwischen Berufs- und Privatleben zu schaffen, wurden und werden von allen Menschen die unterschiedlichsten Strategien entwickelt und Unterstützungsmodelle angewendet. Vor einigen Jahren wurde diese Frage tatsächlich nur Frauen gestellt, doch heute übernehmen doch auch immer mehr Männer bzw. Väter Betreuungsaufgaben und sehen sich deshalb auch vor das Problem der Vereinbarkeit von Beruf und Familie gestellt. Die vielen staatlichen Unterstützungsmöglichkeiten und privaten Initiativen sind sehr hilfreich bei der Überwindung dieses Problems.

Eines der Attribute für das Sichtbarmachen von Erfolg sind offizielle Auszeichnungen, zu deren höchsten die Nobelpreise zählen. Sie rangieren – ebenso wie der Oscar der Filmindustrie – in der Königsklasse.

Nobelpreise

Steht auch Frauen diese höchste Auszeichnung zu?

„Du bist die Frau mit dem Riesentalent", sagt im Film „Die Frau des Nobelpreisträgers" (Originaltitel „The Wife") der mit dem Nobelpreis für Literatur ausgezeichnete Joe Castleman in einer Rückblende in das Jahr 1950 zu seiner jungen Frau. Er war der Ideenbringer für die von Joan geschriebenen Romane. Geehrt wird aber er mit dem Nobelpreis! Ein Einzelschicksal, dramatisch, hollywoodklischeehaft inszeniert, oder verbirgt sich doch ein Frauenschicksal dahinter, das einer Frau, die zugunsten ihres Mannes auf ihre Karriere verzichtet hat?

Wie viele weibliche Nobelpreisträgerinnen gibt es?

Das Wort „Nobelpreis" ist in unserem Denken mit einem Wohlklang verknüpft, erzeugt es doch ein Bild von Ehre, Leistung und Größe. Doch wie kam es dazu? Wer steckt hinter diesem Preis?

Die Nobelpreise werden seit 1901 jedes Jahr am 10. Dezember, dem Todestag ihres Stifters Alfred Nobel, durch die Königlich Schwedische Akademie der Wissenschaften, das Karolinska-Institut, die Svenska Akademien und das Norwegische Nobelpreiskomitee verliehen. Geehrt werden mit dieser ehrenvollen

Auszeichnung Personen und Organisationen für ihre herausragenden Leistungen auf den Gebieten Physik, Chemie, Medizin, Literatur und Frieden sowie im Bereich Wirtschaftswissenschaften.

Mit Ausnahme des Preises für Wirtschaftswissenschaften wurden die Auszeichnungen vom schwedischen Erfinder und Industriellen Alfred Nobel gestiftet. Den Preis für Wirtschaftswissenschaften hingegen rief die Schwedische Reichsbank im Jahr 1969 im Gedenken an Alfred Nobel ins Leben.

Die Verleihung des Friedensnobelpreises findet in der norwegischen Stadt Oslo statt, alle anderen Preise werden in Stockholm verliehen.

Die jährlichen Vorbereitungen für diesen Großevent in Schweden laufen über Monate: Anfang Oktober werden die Nominierungen der jeweiligen Preisträger*innen verkündet und Anfang Dezember startet die Nobelpreis-Woche mit vielen Rahmenveranstaltungen. Der Tradition gemäß halten die gekürten Preisanwärter*innen Vorlesungen zu ihren Forschungen oder Projekten. Im Rahmen einer aufwendigen Zeremonie verleiht der schwedische König bis auf den Friedensnobelpreis die Auszeichnungen und ehrt somit auch den Initiator Alfred Nobel.

Dieser hochdotierte Preis erfreut die Geehrten mit zehn Millionen schwedischen Kronen je Kategorie; dies entspricht einem Gegenwert von etwa 1,1 Millionen Euro. Zusätzlich erhalten die Preisträger*innen noch eine Medaille und eine Urkunde.

Wer war nun dieser ehrenhafte Stifter? Welche Motivation verleitete ihn zu dieser einzigartigen Idee? Auch in einem Buch über die Leistungen von Frauen darf ein Blick auf die weitreichenden Erfindungen und Taten eines Mannes geworfen werden.

Alfred Nobel – ein Stifter aus Überzeugung?

Alfred Bernhard Nobel, geboren am 21. Oktober 1833 in Stockholm, war ein Chemiker und Erfinder. Er hielt 355 Patente, wurde bekannt als der Erfinder des Dynamits und ist Stifter und Namensgeber des Nobelpreises.

Nobel stammte aus einer begüterten Industriellenfamilie und bekam eine erstklassige Ausbildung durch Privatlehrer. Bereits im Alter von 17 Jahren beherrschte er die Sprachen Schwedisch, Russisch, Deutsch, Englisch und Französisch. Er studierte Chemie und Physik und interessierte sich sehr für das von Ascanio Sobrero entdeckte Nitroglycerin, welches ein gefährlicher und noch unkontrollierbarer Sprengstoff war. Ab 1859 experimentierte er, um das Nitroglycerin praxistauglich und sicherer zu machen, und entwickelte 1863 die sogenannte Initialzündung.

Seine Experimente waren von vielen Unfällen begleitet. Der schrecklichste und für Nobel lebensverändernde Unfall geschah 1864: Bei einer Explosion in seinem Laboratorium wurden sein Bruder Emil und vier weitere Personen getötet. Nobel intensivierte nun seine Anstrengungen, einen sicheren Sprengstoff zu entwickeln, und hatte zwei Jahre später auch den erhofften Erfolg.

1866 gelang ihm die Herstellung eines gut kontrollierbaren Sprengstoffes, den Alfred Nobel unter dem Namen „Dynamit" 1867 patentieren ließ. Da der Bedarf an einem sichereren und trotzdem wirkungsvollen Sprengstoff zu dieser Zeit auch infolge der Blütezeit des Diamantenfiebers, des Tunnel- und Straßenbaus groß war, konnte Nobel durch seine Erfindung schnell ein Imperium mit einigen Fabriken aufbauen und folglich ein Vermögen lukrieren. Der Erfinder Nobel reiste fortwährend um die Welt, um seine Produkte zu verkaufen. Seine Firmen lieferten Nitroglycerin-Produkte nach Europa, Amerika und Australien.

Als Nobel am 10. Dezember 1896 starb, betrug sein Vermögen ca. 31 Millionen schwedische Kronen (1,65 Milliarden Kronen heutiger Wert = rund 156 Millionen Euro). Er nannte neunzig Fabriken in zwanzig Ländern sein Eigen und stellte Überlegungen zur sinnvollen Verwendung seiner Kronen an. Alfred Nobel unterstützte schon zu Lebzeiten die Aktivitäten Bertha von Suttners zur Erhaltung des Friedens und so vermachte er den Großteil (exakt 94 Prozent) seines Vermögens einer Stiftung. Diese sollte jährlich die hochdotierten Auszeichnungen verleihen.

„Das Kapital, von einem Testamentsvollstrecker in sicheren Wertpapieren realisiert, soll einen Fonds bilden, dessen jährliche Zinsen als Preise denen zuerteilt werden, die im verflossenen Jahr der Menschheit den größten Nutzen gebracht haben", schrieb Nobel in seinem Testament, welches am 2. Jänner 1897 erstmalig verlesen wurde.

Der Nobelpreis und die Frauen – ein faires Geschäft?

Alfred Nobel formulierte sein Vermächtnis durchaus geschlechtsneutral und postulierte die Preisvergabe an die jeweils „Würdigsten". Jedoch wurden bis einschließlich 2020 großteils Männer ausgezeichnet: 782 Männer, 56 Frauen und 28 Organisationen waren die Preisträger*innen, der Wirtschaftspreis wurde an 84 Männer und nur zwei Frauen verliehen.

1903 wurde der Nobelpreis zum ersten Mal einer Frau verliehen. Marie Curie wurde in der Kategorie Physik geehrt. 1905 fand die erste Verleihung des Friedenspreises an eine Frau statt. Dann folgten viele magere Jahre mit nur vereinzelt ausgezeichneten Frauen; erst 2009 konnten sich vier Wissenschaftlerinnen sowie die erste Wirtschaftsforscherin über die begehrte Anerkennung freuen.

In den letzten Jahren allerdings wuchs die Frauenquote erfreulich an: 2019 ging der Wirtschaftsnobelpreis zum zweiten Mal an eine Frau. Die Ökonomin Esther Duflo konnte sich mit ihren Kollegen Abhijit Banerjee und Michael Kremer über die Auszeichnung ihrer Forschung zur Armutsbekämpfung freuen.

Ebenfalls im Jahr 2019 wurde eine polnische Schriftstellerin, Olga Tokarczuk, gemeinsam mit dem österreichischen Literaten Peter Handke mit dem Literaturnobelpreis geehrt.

2020 ergingen drei Preise an Frauen: Die Physikerin Andrea Ghez und zwei ihrer Kollegen, die das „Schwarze Loch im Zentrum der Milchstraße" beschrieben hatten, wurden in der Kategorie Physik ausgezeichnet.

Mit der Mikrobiologin Emmanuelle Charpentier und der Biochemikerin Jennifer Doudna erhielt erstmals ein rein weibliches Team den Chemienobelpreis. Die Wissenschaftlerinnen entschlüsselten die Genschere CRISPR/Cas9 und trugen so zur Verbesserung der Bearbeitung von Genen bei.

Der Literaturnobelpreis 2020 wurde der Amerikanerin Louise Glück für ihr dichterisches Werk mit der Begründung zugesprochen, dass „ihre unverwechselbare poetische Stimme mit strenger Schönheit die individuelle Existenz universell werden lässt".

Bertha von Suttner

Die literarische Pazifistin

9. Juni 1843
bis 21. Juni 1914

„Vielleicht werden meine Fabriken die Kriege schneller beenden als deine Friedenskongresse, denn wenn sich zwei gleich starke Armeen gegenseitig in einer Sekunde vernichten können, werden alle zivilisierten Nationen davor zurückschrecken und ihre Truppen auflösen“, sagte Alfred Nobel in späteren Jahren zu ihr.

Bertha Sophia Felicita Freifrau von Suttner, am 9. Juni 1843 in Prag als Gräfin Kinsky von Wchinitz und Tettau geboren, wurde als Schriftstellerin und Friedensforscherin 1905 als erste Frau mit dem Friedensnobelpreis ausgezeichnet.

Aufgewachsen in der österreichisch-ungarischen Monarchie, erlernte sie im aristokratischen Umfeld mehrere Sprachen, beschäftigte sich mit Musik und reiste mit ihrer Mutter Sophie Wilhelmine, die der Spielleidenschaft verfallen war, durch Europa und besuchte die Casinos. Auf diese Weise war das geerbte Vermögen bald aufgebraucht und Bertha musste 1873, mit 30 Jahren, eine Stelle als Gouvernante bei dem Industriellen Karl Freiherr von Suttner in Wien annehmen.

Hier unterrichtete sie die vier Töchter in Musik und Sprachen. Da ihre Liebe zum Sohn des Hauses Arthur von Suttner – er war sieben Jahre jünger – nicht opportun war, wurde sie entlassen. In Paris lernte sie Alfred Nobel kennen und wurde für kurze Zeit seine Assistentin.

Da die Liebe zwischen Bertha und Arthur von Suttner nicht erloschen war, heirateten die beiden 1876 gegen den Willen der Familie heimlich und zogen in den Kaukasus. Armut und viele Entbehrungen brachten beide zur Schriftstellerei, insbesondere wurde Berthas schriftstellerische Kreativität dadurch gefördert.

1885 kehrten sie nach Österreich zurück. Bertha von Suttner blieb journalistisch aktiv und widmete sich aufgrund der Kriegserfahrungen im Kaukasus dem Pazifismus.

Im Herbst des Jahres 1889, mit 46 Jahren, veröffentlichte sie ihren Roman „Die Waffen nieder!", der großes Aufsehen erregte und sie zu einer der prominentesten Vertreterinnen der Friedensbewegung machte. Sie beschrieb die Schrecken des Krieges aus der Sicht einer Ehefrau und traf damit den Nerv der Gesellschaft, die zu dieser Zeit in heftigsten Diskussionen über den Militarismus und den Krieg begriffen war. Dieses Buch wurde ihr größter literarischer Erfolg. Es erschien in 37 Auflagen und wurde in zwölf Sprachen übersetzt.

Bertha von Suttner setzte sich in den nächsten Jahren verstärkt für den Frieden ein und forderte 1891 die Gründung einer „Österreichischen Gesellschaft

der Friedensfreunde". Sie wurde erste Präsidentin des 2.000 Mitglieder umfassenden Vereins und gründete 1892 auch die „Deutsche Friedensgesellschaft".

In ihren Bemühungen um den Frieden, aber auch für Frauenrechte war sie immer wieder eng mit Alfred Nobel verbunden, der Mitglied im österreichischen Friedensverband wurde. Sicherlich auch aus einem moralischen Zwiespalt heraus, spendete der Sprengstofffabrikant viel Geld für Friedenszwecke.

1905 erhielt Bertha von Suttner den, von ihr angeregten, Friedensnobelpreis. Obwohl Alfred Nobel bereits bei der ersten Vergabe 1901 an seine Weggefährtin als Preisträgerin gedacht hatte, wurde sie erst in dieser fünften Preisrunde bedacht.

Den ersten Friedensnobelpreis im Jahr 1901 erhielten übrigens Henry Dunant – für seine Gründung des Internationalen Komitees vom Roten Kreuz – und Frédéric Passy, Gründer der „Französischen Gesellschaft der Friedensfreunde" (Internationale Friedensliga).

Bertha von Suttner starb am 21. Juni 1914 – wenige Wochen vor dem Beginn des Ersten Weltkriegs, vor dem sie wiederholt über zwanzig Jahre gewarnt hatte – in Wien. Sie war auch Visionärin, trat sie doch für ein geeintes Europa ein, das gemeinsam verstärkt für Frieden und eine gesunde Wirtschaftspolitik sorgen kann.

Marie Curie

Die einzige Frau mit zwei Nobelpreisen

7. November 1867
bis 4. Juli 1934

Da dieses Buch sich ja mit den „Siegerinnen", den „Gipfelstürmerinnen" und „den Ersten" in ihren Disziplinen beschäftigt, sei an dieser Stelle die wohlbekannte Physikerin und Chemikerin Marie Curie genannt, die als erste Frau 1903 den Preis im Fach Physik zusammen mit ihrem Ehemann Pierre Curie und dem Physiker Henri Becquerel erhielt.

Dass Siegerinnen sich selten mit einem Sieg zufriedengeben, zeigte sich auch bei Marie Curie: 1911 wurde ihre unermüdliche Arbeit mit dem Nobelpreis für Chemie geehrt. Marie Curie ist somit die bislang einzige Frau, die zwei Nobelpreise bekam.

Marie Curie wurde am 7. November 1867 als Marya Skłodowska in Warschau geboren. Sie war ein wissbegieriges Kind, das ihre Eltern zu fördern verstanden.

Marie Curies ständige „Lebensbegleiter" waren ihre Lernfreude und Wissbegierde. Mit 15 Jahren schloss sie die Schule als Klassenbeste ab, anschließend wollte sie unbedingt studieren. Da sowohl die finanzielle Lage ihrer Familie als auch die bildungspolitischen Bedingungen für Frauen in Polen sehr schlecht waren, trug sie zunächst mit Nachhilfestunden zum Familieneinkommen bei. War der universitäre Wissenserwerb in dieser Zeit wirklich nur den Männern vorbehalten? Im staatlichen Bereich sehr wohl, doch es gab auch Initiativen, die sich um Frauenbildung bemühten, beispielsweise die „Fliegende Universität" oder „Lesesäle für Frauen". Aufgrund des konspirativen Charakters der Einrichtung mussten die „Vorlesungen" immer an unterschiedlichen Orten, etwa in Privatwohnungen, stattfinden. Maria Skłodowska zählte zu den ersten Studentinnen.

So gut vorbereitet, studierte Maria ab 1891 an der Sorbonne in Paris Mathematik, Physik und Chemie, da damals Frauen an polnischen Universitäten noch nicht zum Studium zugelassen wurden. Mit Arbeitseifer und Willenskraft, etliche Entbehrungen auf sich nehmend, errang sie als erste Frau den Doktortitel der Naturwissenschaften und wurde die erste Professorin in Frankreich.

Mit Pierre Curie, den sie 1895 heiratete, fand sie einen kongenialen Partner fürs Leben und die wissenschaftliche Arbeit. Pierre stellte seine eigenen Forschungen zurück, um Marie zu unterstützen. Als 1897 die erste Tochter, Irene, zur Welt kam, vertraute Marie ganz auf ihren Vater, der sich liebevoll der Kinderbetreuung annahm. Ebenso bei der zweiten Tochter, Eve, die 1904 das Licht der Welt erblickte.

Gemeinsam mit ihrem Mann Pierre erforschte Marie Curie die strahlenden Eigenschaften der Metalle und bezeichnete eine bislang unbekannte Strahlung als Radioaktivität. 1898 veröffentlichten sie die Entdeckung von zwei radioaktiven Elementen: Polonium und Radium. 1902 gelang es Marie Curie endlich, ein Dezigramm reinen Radiums darzustellen und sein Atomgewicht zu berechnen.

Als geistige Eigentümer verzichtete das Wissenschaftlerehepaar auf eine Patentierung. Beide entschieden sich dagegen „Wir haben kein Patent auf sie genommen, sondern ohne jede Einschränkung sowohl die Ergebnisse unserer Forschungen wie das Herstellungsverfahren des Radiums veröffentlicht." Diese Entscheidung gegen eine Monopolisierung förderte die rasche Verbreitung ihrer Entdeckung.

Das internationale Interesse an den neuesten Forschungen zur Radioaktivität war sehr groß. Das Element Radium trat seinen Siegeszug durch das gesamte Spektrum der Wissenschaften an. Besonders wurde es in der Medizin zur Krebstherapie, gegen Lupus (Autoimmunkrankheit) und krebsartige Geschwüre eingesetzt. Die „Curie-Therapie" war geboren.

1903 wurde diese intensive Forschungsarbeit und die daraus resultierende weltverändernde Entdeckung dann mit dem Physik-Nobelpreis ausgezeichnet.

Das Forscherpaar gönnte sich nach diesem Erfolg keine Ruhe, setzte die Suche nach der Finanzierung seiner Vorhaben und die Erforschung der Radioaktivität unbeirrt fort. Im Jahr 1906 fand das gemeinsame wissenschaftliche Leben ein jähes Ende: Pierre Curie wurde bei einem Unfall mit einer Pferdekutsche so schwer verletzt, dass er den Folgen erlag. Marie setzte ihre Forschungen allein fort, litt jedoch sehr unter diesem Schicksalsschlag. Beruflich allerdings konnte sie die Früchte der gemeinsamen Arbeit ernten, konnte als Nachfolgerin ihres Mannes den Lehrstuhl an der Sorbonne übernehmen und hatte somit auch die Möglichkeit, ihre Forschungen weiterzuführen. Da ihr Vater auch weiterhin liebevoll die Betreuung ihrer beiden Töchter übernahm, konnte sich Marie Curie ganz ihren wissenschaftlichen Aufgaben widmen. Sie publizierte, organisierte Kongresse und baute ein neues, modernes Labor auf: das Institut du Radium in Paris. 1911 erhielt sie – als erster Mensch – einen zweiten Nobelpreis, diesmal in Chemie, für die Entdeckung und Isolierung des Radiums.

Marie Curie starb am 4. Juli 1934 im Alter von 66 Jahren an den Folgen einer Anämie, die wahrscheinlich auf den ungeschützten Umgang mit radioaktiven Stoffen zurückzuführen war.

Ihre Tochter Irène Joliot-Curie, die in die Fußstapfen ihrer Mutter trat, war ebenfalls eine Physikerin und Chemikerin. Sie erhielt gemeinsam mit ihrem Ehemann Frédéric Joliot-Curie 1935 den Chemienobelpreis für die Entdeckung der künstlichen Radioaktivität.

Marie Curie war sicherlich ein Vorbild für viele Frauengenerationen – in ihrem Selbstverständnis für gleiche Bildungs- und Berufschancen von Frau und Mann. Bedauerlicherweise führen hohe Ansprüche nicht selten zu überhöhten Erwartungen, zeigt die Wissenschaftshistorikerin Margaret Rossiter in ihren Ausführungen über den „Marie-Curie-Effekt" auf. Dieser beschreibt, dass jede Frau, die sich in die Männerwelt Wissenschaft hineinwagt, eine Marie Curie zu sein hat – eine herausragende Wissenschaftlerin, eine Ausnahmefrau.

Elinor Ostrom

Die sozial engagierte Forscherin

7. August 1933
bis 12. Juni 2012

Im Jahr 1969 wurde der Preis für Wirtschaftswissenschaften zum ersten Mal – an einen Mann – verliehen. Es brauchte weitere vierzig Jahre, bis eine Frau mit dieser Auszeichnung geehrt wurde.

Die am 7. August 1933 in Los Angeles geborene Elinor Claire Awan war eine weltweit angesehene Forscherin im Bereich der Umweltökonomie. Sie setzte sich mit der Frage auseinander, wie Menschen in und mit Ökosystemen und Allmenden nachhaltig interagieren können. Mit dem Begriff Allmende bezeichnet man Nutzflächen und Ressourcen (Naturstücke oder auch Wissensbestände), die im Besitz der Allgemeinheit stehen. Dies bedeutet, dass jeder das Recht hat, sie zu nutzen.

Elinor Ostroms Forschung befasste sich mit der Frage, wie sich Menschen organisieren, um gemeinschaftlich komplexe Probleme zu lösen. Sie analysierte, wie institutionelle Regeln sich auf Handlungen von Individuen auswirken, die bestimmten Anreizen ausgesetzt sind, Entscheidungen zu treffen haben. Sie zeigte praktikable, gerechte und effiziente Lösungen für diese Probleme auf.

„Umfangreiche empirische Untersuchungen lassen mich argumentieren, dass ein zentrales Ziel der öffentlichen Ordnung darin bestehen sollte, die Entwicklung von Institutionen zu fördern, die das Beste aus dem Menschen machen", meinte die Forscherin in ihrer Vorlesung anlässlich der Verleihung des Nobelpreises.

Elinor Ostrom war eigentlich keine Ökonomin. Sie studierte Politikwissenschaft an der University of California, Los Angeles, und schloss ihre Studien 1965 mit dem Doktorat ab. In ihrer Doktorarbeit „A Case Study in Ground

Water Basin Management" beschäftigte sie sich mit dem Management der Grundwasservorräte in Südkalifornien.

Wie andere Frauen im wissenschaftlichen Bereich auch, hatte Elinor Ostrom in ihrer akademischen Karriere mit strukturellen Barrieren, die von den noch sehr männlich geprägten Universitäten vorgegeben wurden, zu kämpfen: Als sie im Jahr 1960 ein Stipendium für ihr Doktorat erhielt, bezeichneten die Mitglieder im Finanzkomitee ihrer Fakultät es als „Verschwendung knapper Ressourcen", wissenschaftliche Stipendien an Frauen zu vergeben, da sie ja ohnehin kaum als Professorin berufen werden würden.

Für Elinor waren diese Schranken kein Hindernis, da sie schon während ihrer Schulzeit gelernt hatte, damit umzugehen: Nach dem Abschluss der berühmten Beverly Hills High School durfte sie nicht gleich studieren, sondern musste zunächst Stenografie lernen, da „College-Absolventinnen ja ohnehin meist als Sekretärinnen arbeiten".

Dann startete Elinor den Versuch, sich an der Ökonomischen Fakultät der Universität von Kalifornien in Los Angeles einzuschreiben. Dort wurde sie mit der Begründung abgewiesen: „Ökonomen brauchen Mathematik und Mathematik ist nichts für Frauen."

Der zweite Versuch, ein Studium zu beginnen, hatte schließlich Erfolg: Trotz Skepsis der Politologen durfte sie mit drei anderen Frauen Vorlesungen an der Politikwissenschaftlichen Fakultät belegen.

Während des Studiums lernte sie ihren späteren Mann, den Politologen Vincent Ostrom, kennen. Als dieser eine Professur für Politikwissenschaften an der Indiana University Bloomington (IUB) erhielt, suchte auch sie dort um eine Stelle als Lehrkraft an. Angeboten wurde ihr zunächst eine Assistenzstelle zum Unterrichten von amerikanischer Politik. Diese Chance wusste die junge Elinor zu nutzen und so konnte sie später den Lehrstuhl für Politikwissenschaften der Indiana University Bloomington übernehmen, der bis zum Ende ihrer akademischen Karriere eines ihrer wissenschaftlichen Standbeine war.

Im Jahr 1973 gründete Elinor Ostrom zusammen mit ihrem Mann Vincent die Bloomington School of Public Choice – eine Richtung der Volkswirtschaftslehre und Politikwissenschaft – an der Indiana University Bloomington. Diese gilt weltweit als eines der wichtigsten Zentren für Allmendestudien.

Elinor Ostrom legte in ihrer Arbeit großen Wert auf Zusammenarbeit mit internationalen Institutionen. 2006 gründete sie deshalb das „Center for the Study of Institutional Diversity" (CSID) an der Arizona State University. Internationale Kooperationen bestehen vor allem mit dem „Zentrum für interdisziplinäre Forschung" (ZiF) in Bielefeld und der Landwirtschaftlichen Fakultät der Humboldt-Universität zu Berlin sowie mit dem „Beijer Institute of Ecological Economics" in Stockholm, Schweden.

Elinor Ostrom erhielt viele Auszeichnungen für ihre Forschungen und ihr Lebenswerk: Neben mehreren Ehrendoktorwürden von Universitäten in den Jahren 2006–2008 erhielt sie 2009 als erste Frau den Alfred-Nobel-Gedächtnispreis für Wirtschaftswissenschaften für ihre empirische Untersuchung des Allmende-Problems in „Governing the Commons". Dieses Werk, ihr Hauptwerk, erschien 1999 auf Deutsch: „Die Verfassung der Allmende. Jenseits von Staat und Markt".

Trotz ihres Ruhms in der wissenschaftlichen Welt wurde die Nobelpreisträgerin stets als bescheiden und sozial engagiert angesehen. Das Preisgeld von knapp eine Million Euro wollte sie für Forschungszwecke stiften. Von ihren Kollegen an der Universität wurde sie als extrem fleißig mit hoher Arbeitsethik beschrieben.

Elinor Ostrom sagte über sich: „Ich habe früh mit dem Turnen aufgehört und mich auf die Wissenschaft konzentriert. Das brachte mir den Nobelpreis ein – und Rückenprobleme."

Nobelpreisträgerinnen aus Österreich

Jedes Land ist stolz auf seine Preisträger*innen – gleich, ob diese nun mit dem wissenschaftlichen Nobelpreis, dem Oscar der Filmindustrie oder einer staatlichen Ehrenmedaille ausgezeichnet wurden. Der Blick auf Österreich zeigt, dass von 1911 bis 2019 der Nobelpreis an zwanzig Österreicher*innen verliehen wurde.

Betrachtet man die in der damaligen k. u. k. Monarchie in Böhmen geborene Bertha von Suttner als Österreicherin, so steht sie als erste mit einem Nobelpreis ausgezeichnete österreichische Frau in den Geschichtsbüchern. Das Jahr 1905 brachte ihr den Friedensnobelpreis ein.

Unumstritten eine Österreicherin ist die Autorin Elfriede Jelinek, die 2004 endlich weiblichen Gegenwind in die männlich dominierte Auszeichnungsriege brachte. Sie war damals erst die zehnte Frau, die mit dieser Auszeichnung bedacht wurde. Der Literaturnobelpreis honoriert ihr Werk, welches sich permanent mit aktuellen Themen der österreichischen Geschichte und Gegenwart befasst und Missstände aufzeigen möchte.

Elfriede Jelinek ist damit die einzige Österreicherin, die einen dieser begehrten Literaturnobelpreise erhalten hat.

Elfriede Jelinek

Die polarisierende
Intellektuelle

20. Oktober 1946

Kaum eine Schriftstellerin hat mehr polarisiert als Elfriede Jelinek. Der frühere Chefredakteur der Zeitung „Cicero", Christoph Schwennicke, bringt es auf den Punkt: „Freimut des souveränen Denkens" und „autonomes Denken in Zeiten des geistigen Herdentriebes" sind nur zwei der herausragenden Fähigkeiten, die die philosophische Basis für das schriftstellerische Oeuvre von Elfriede Jelinek ausmachen. Dafür wurde sie auch von der Zeitschrift unter die 500 wichtigsten Intellektuellen 2019 gewählt.

Dabei hat sich Elfriede Jelinek in ihrer Studienzeit nicht für intellektuell gehalten und daher ihr Studium der Kunstgeschichte und Theaterwissenschaft abgebrochen. „Ich habe mein Studium abgebrochen, weil ich mich als intellektuell ungenügend empfand. Das ist auch heute noch so. Aber ich habe das durch meine Musikalität ersetzt: Ich arbeite auch mit der Sprache wie mit musikalischem Material. Ich verwende beim Schreiben kompositorische Verfahren. Das habe ich ja gelernt." Klavier- und Orgelunterricht erhielt sie schon während ihrer Schulzeit am Konservatorium in Wien, 1971 schloss sie ihr Orgelstudium ab.

Elfriedes Mutter war eine selbstbestimmte, aktive Karrierefrau, Personalchefin eines Großunternehmens, somit emanzipatorisch ihrer Zeit weit voraus. Ihr Vater, Chemiker, der jüdische Zweig der Familie, legte ihr das sprachliche Können in die Wiege. Da der Vater auf Grund eines psychischen Leidens die letzten Lebensjahre in der Psychiatrie verbrachte, war sie für ihre Mutter zugleich auch Mannersatz; ein Erlebnis, welches sie in dem Stück „Die Klavierspielerin" verarbeitet hat. 1966 begann sie mit dem Schreiben. Der Schwerpunkt der Themen orientierte sich an den gesellschaftspolitischen Anliegen der Zeit und deren Reflexion: Kapitalismuskritik, Feminismus und Antisemitismus.

Viele ihrer Werke wurden an den großen Bühnen aufgeführt, nur unterbrochen durch ein zeitweiliges Aufführungsverbot ihrer Stücke für die staatlichen Bühnen unter der damals schwarz-blauen Regierung unter Wolfgang Schüssel und Jörg Haider.

Als Elfriede Jelinek 2004 den Nobelpreis erhielt, konnte die Welt, sowohl Frauen als auch Männer, nicht gespaltener darauf reagieren: Vom „Altfeminismus", der doch längst passé sei, oder vom „Quotenurteil" der Jury konnte man lesen. Doch das Interesse an der Schriftstellerin ist groß. Das beweist auch die gemeinsame Forschungsplattform der Universität Wien und der Musik und Kunst Privatuniversität der Stadt Wien (MUK), „Der Interuniversitäre Forschungsverbund Elfriede Jelinek", der seit 1. Februar 2020 besteht.

Elfriede Jelinek ist seit 1974 mit Gottfried Hüngsberg verheiratet und lebt in München und Wien.

Eine österreichische Wissenschaftlerin, die den Nobelpreis durchaus verdient hätte, ist Lise Meitner. Die Physikerin wurde zwar mehrmals (genau 48-mal) für den Preis in Physik und Chemie nominiert, erhalten hat ihn jedoch ihr Wissenschaftspartner Otto Hahn, der 1944 mit dem Nobelpreis für Chemie ausgezeichnet wurde – die Forschungsarbeiten hatte er allerdings gemeinsam mit Lise Meitner durchgeführt.

In der rund 120-jährigen Geschichte des Nobelpreises waren nicht einmal zehn Prozent der Preisträger weiblich. Dies mag an der intoleranten männlichen Übermacht der Vergabeinstitutionen oder auch an den einstmals sehr wenigen Frauen in der Wissenschaft liegen. Erfreulich ist jedoch die Tatsache, dass sich in den letzten Jahren vermehrt Wissenschaftlerinnen der Forschung gewidmet oder sich jene Herausforderungen zugetraut haben, die ihnen den entsprechenden Erfolg und die gebührende Anerkennung brachten.

Dieses Kapitel widmet sich den sportlichen Disziplinen, in denen Frauen erst sehr spät Fuß fassen konnten.

Sport & Wettkampf

Mutige Pionierinnen sprengen die Grenzen.

Beispiele für Individual- und Massensportarten wie Boxen, Alpinsport oder Fußball geben einen Einblick in die Wirkmechanismen männlicher Sportrituale, die lange Zeit diese Sportarten prägten.

Der Berg ruft!

Bergsteigen ist eine weltweite Massenbewegung geworden. Bergsteiger*innen stehen Schlange auf dem höchsten Berg der Welt. Ein globaler Markt mit wirtschaftlichen, ökonomischen und negativen ökologischen Auswirkungen hat sich etabliert.

Doch wie hart waren die Anfänge für Frauen, sich die Berge zu erobern? Welche sozialhistorischen und kulturellen Traditionen mussten sie überwinden, um als Extrembergsteigerinnen Männern am Berg gleichgestellt zu sein?

Bergsteigerinnen

Vom Mont Blanc bis zum Himalaya oder Was macht Paris Hilton am Berg?

„Etwas schaffen, was vor mir noch niemand geschafft hat", so Helga Hengge in einem Interview mit Markus Lanz. Das war ihr Antrieb, die höchsten Berge der Welt zu erklimmen. Der Alleingang als psychologisches Experiment, als Grenzgängerin ganz auf sich allein gestellt zu sein, in der historischen Entwicklung des Bergsteigens auch Counterculture-Bergsteigen genannt; eine nicht ganz neue Art des Alpinismus, die bereits in den 50er Jahren des 20. Jahrhunderts das klassische Bergsteigen ablöste. Jedoch erst 1999 wurde der Begriff von Sherry B. Ortner neu eingeführt. Dieser diente auch zur politischen Abgrenzung zu dem männlich verherrlichten Begriff der „martialischen Eroberung des Berges" und dem daraus resultierenden patriotischen Heldentum.

Würde man Lucy Walker, die erste Frau, die das Matterhorn (1871) – im langen Flanellrock – bestiegen hat, nach ihrer Motivation fragen, würde sie wahrscheinlich das Gleiche wie Helga Hengge antworten, die als erste Deutsche erfolgreich den Gipfel des Mount Everest erreicht hat und auf den Seven Summits, den höchsten Bergen der sieben Kontinente, stand. Lucy Walker wurde zwar auf Grund ihrer rheumatischen Erkrankung von den Ärzten Bewegung angeraten, aber niemand konnte ahnen, dass sie sich für das Bergsteigen entscheiden würde. Ein damals ungewöhnlicher Schritt für eine Frau, die Berge zu erobern. Lucy wurde durch ihren Bruder und Vater motiviert, die bereits Mitglieder des Alpine Clubs in London waren. Die Motivation zum Bergsteigen lag häufig in der Familie.

Alpinistinnen beteuern immer wieder, nicht zueinander im Wettkampf zu stehen, und doch gab es auch einen Wettkampf der ersten Bergsteigerinnen, als Erste auf dem Matterhorngipfel zu stehen. 1871, nur sechs Jahre nach der männlichen Erstbesteigung durch Edward Whymper und sein Team am 14. Juli 1865 gelang es Lucy Walker, vor der Amerikanerin Meta Brevoort auf dem Gipfel zu stehen. Letztere hatte bereits 1869 von der italienischen Seite aus versucht, den Matterhorngipfel zu erreichen. In einer Höhe von 4.000 Metern musste die

Christian Almer (1826–1898), sein Sohn Ulrich Almer (1849–1940), Margaret Claudia Brevoort (1825–1876), der Hund Tschingel und William Auguste Coolidge (1850–1926)

Amerikanerin wetterbedingt umkehren. Eine weise und richtige Entscheidung, nicht um jeden Preis den Gipfel erreichen zu wollen.

Auch für Gerlinde Kaltenbrunner steht das Erlebnis im Vordergrund. Sie definierte ihren Erfolg in einem Interview so: „Das gesunde Zurückkommen, auch die Entscheidung, umdrehen zu können. Scheitern ist, wenn ich oder die anderen nicht zurückkommen." (Originalton.) Das sahen nicht alle Bergsteigerinnen so. Für Wanda Rutkiewicz, die 1973 die Eiger-Nordwand beim zweiten Versuch innerhalb einer Frauenseilschaft durchstieg, wäre das fast tödlich ausgegangen. Der charismatisch geltenden Polin, die sogar von der Bergsteigergröße Reinhold Messner mit Worten der Hochachtung bedacht wurde, wurde der Wille, trotz widrigster Wetterbedingungen doch noch den dritthöchsten Berg der Welt, den Kangchendzönga mit 8.586 Metern, zu besteigen, zum tödlichen Verhängnis. Beim dritten Versuch 1992 schlug der Berg zurück.

Von vielen wurde und wird Bergsteigen als Sport gesehen, in dem es gilt, der Erste auf dem Gipfel, der Schnellste, der Erste am Seil zu sein, derjenige, der die schwierigste Route wählt. Aber was war die Motivation der Frauen, die von Anfang an beim Bergsteigen dabei waren? Sie waren weniger vom Leistungswillen motiviert als vom Wunsch, aus der bürgerlichen Enge auszubrechen. Manche trieb auch wissenschaftliches Interesse, wie die Geologin Matilda Ogilvie Gordon, in die Dolomiten. Die bergbegeisterte italienische Königin Margarethe, die auch Ehrenvorsitzende des „Ladies' Alpine Club" war, setzte sich 1890 für den Bau der Forschungsstation und höchsten Alpenhütte „Capanna Regina Margherita" (auf 4.554 Metern in den Walliser Alpen/Italien) ein. In Bergdörfern wiederum stiegen Frauen aus finanzieller Not in die Berge, um sich als Trägerinnen für Touristen ein Zubrot zu verdienen.

Helga Hengge definiert das für sich so: „Ich bin mir sicher, dass ich das schaffe, dort, wo anderen die Haare zu Berge stehen, sehen die anderen nur ihr Ziel vor Augen. Etwas zu wagen, was ich mir zutraue, aber noch nicht getan habe. Also die Grenze zu verschieben. Hat mit einem Wahrnehmen von sich selbst zu tun ... und ganz bei sich zu sein." (Originalton.)

Dass Bergsteigen als Sport gesehen wurde, ist den „Männlichkeitsrituallen" der bürgerlichen und adeligen Gesellschaft des 19. Jahrhunderts geschuldet. Es war in jeder Hinsicht ein Jahrhundert des Aufbruchs. Neben den frühen modernsten technischen Errungenschaften, wie der Institutionalisierung der Bahn, diente Bergsteigen dem Erobern der Landschaft und der Natur sowie der Erweiterung des eigenen Horizonts. Der Erste Weltkrieg mit der Verteidigung der Gebirgsfronten verstärkte noch das Männlichkeitsklischee, indem er dem Bergsteigen zusätzlich den militärischen Stempel der „Eroberung" aufdrückte. Und da konnten die Frauen nicht mithalten.

In Sänften oder mittels Pferde auf die Berge getragen zu werden, schicklich gekleidet zu sein, die Wangen nicht durch Anstrengung gerötet, das entsprach dem Frauenbild des frühen 19. Jahrhunderts.

Noch um 1922 schrieb der Bergautor Franz Nieberl: „Werde um des Himmelswillen kein wildes Bergweib, eine Zottelhexe mit wirrem Haar und nachlässiger Gewandung ist keine Verkörperung weiblicher Reize." ... Und was schön heißen mochte, das gaben die Männer in jahrelanger tradierter Vormachtstellung vor.

1808 bestieg Marie Paradis gemeinsam mit vier Männern, unter ihnen auch die beiden männlichen Erstbesteiger, als erste Frau den Montblanc (4.810 Meter). Auch wenn sie einen Teil des Weges getragen wurde, erlangte sie unter der Bezeichnung „Marie Montblanc" Ruhm. Als Erste aus eigener Kraft schaffte es

Henriette d'Angeville. Nichts ging über eine gute Planung. In Pluderhosen und langem Mantel, Kleidung, die sie extra für diese Besteigung hatte schneidern lassen, und mit reichlichst Proviant – wie 24 Hühnern, zwei Ochsenzungen, jeder Menge Pudding mit Pflaumen, einem Fass Wein, einer Flasche Cognac, drei Pfund Schokolade und vielem mehr – ausgestattet, stieg sie auf. Etwas grotesk mutete es an, dass sie vor ihrer Begehung ihr Testament machte. Im Falle ihres Todes sollte ihr Leichnam auf jeden Fall auf den Gipfel getragen werden. Sie wollte ihn unbedingt tot oder lebendig erreichen. Letzteres gelang ihr gemeinsam mit sechs Führern und sechs Trägern am 4. September 1938.

Mitte des 19. Jahrhunderts begann das goldene Zeitalter des Alpinismus, Es wurden beispielsweise erste Sicherungen errichtet, 1843 auf dem Hohen Dachstein, oder ein erster Klettersteig, 1873 auf der Zugspitze.

Das erhöhte Interesse am alpinen Tourismus führte auch zur Gründung von Alpenvereinen. Der erste Verein war der 1857 gegründete britische „Alpine Club". Zu diesem waren keine Frauen zugelassen, die britische Tradition der Männerclubs wurde auch hier gewahrt. Das führte dazu, dass sich fünfzig Jahre später der „Ladies' Alpine Club" formierte. Auch in der Schweiz, Italien, Schottland und Wales entstanden reine Frauenclubs. Der Österreichische Alpenverein wurde 1862 gegründet und war nicht nur den Männern vorbehalten. Heute sind im Österreichischen Alpenverein fast die Hälfte der Mitglieder Frauen.

Das schwache Geschlecht ganz stark

Es war das Jahr 1975. Die Vereinten Nationen riefen das „Internationale Jahr der Frau" aus, um der Frauenbewegung einen erneuten Impetus zu geben. Das kam der Japanerin Junko Tabei gerade recht. Hegte sie doch schon lange den Wunsch, eine Frauenexpedition auf den höchsten Berg der Welt zusammenzustellen, was aber bisher an der Finanzierung gescheitert war. Am 16. Mai 1975, nach fast neun ereignisreichen Wochen in Eis und Schnee, konnte sie als erste Frau auf dem Gipfel des 8.848 Meter hohen Mount Everest die japanische Flagge hissen. Ihr Gipfelsieg wird als Meilensteig auf dem Weg zur Emanzipation gefeiert. Die oft als „housewife climber" verspottete Junko Tabei – sie bestieg den Berg auf einer bereits bekannten Route und verwendete ab der „Todeszone" (ab 7.500 Metern) künstlichen Sauerstoff - schaffte es als erste Frau 1992, alle sieben höchsten Gipfel der Erde, die Seven Summits, zu erklimmen.

Die Südkoreanerin Oh Eun-sun eroberte bis 2010 alle 14 Achttausender. Ihr Erfolg wurde jedoch dadurch geschmälert, dass man ihr die Zuhilfenahme von künstlichem Sauerstoff, den sie nur bei den beiden höchsten Achttausendern - Mount Everest und K2 - aus Sicherheitsgründen verwendete, und den als fragwürdig geltenden Einsatz von Trägern und Logistik vorwarf. Bekannt wurde sie in Europa durch die Besteigung von acht Achttausendern in nur 15 Monaten (Mai 2008 bis August 2009). Für die Südkoreanerin war es ein „Wettkampf" mit den anderen weiblichen Bergsteigerinnen, insbesondere mit Gerlinde Kaltenbrunner, denn, wie sie sagte, ohne ihre Konkurrentinnen hätte sie es nie geschafft: „Sie haben mir die Motivation gegeben, das zu erreichen, was ich erreicht habe."

Gerlinde Kaltenbrunner

Die Königin des Himalajas, die erste Frau, die ohne Zufuhr von zusätzlichem Sauerstoff die Gipfel aller 14 Achttausender erreicht hat

13. Dezember 1970

Gerlinde Kaltenbrunner reihte sich 2011 in die Geschichte der Extrembergsteiger*innen als erste Frau ein, die alle 14 Achttausender ohne Zuhilfenahme von Sauerstoffzufuhr bestieg.

Unter dem Titel „Königin des Himalajas" schrieb 2006 die „Welt am Sonntag": „Gerlinde Kaltenbrunner besteigt ihren neunten Achttausender (...) Sie könnte in die Geschichte eingehen. Nun könnte es wieder so weit sein: Ein Wettrennen, Gipfel um Gipfel. Zwei nicht unattraktive Frauen quälen sich durch die dünne Luft und beißende Kälte der Todeszonen. Die Alpinisten weltweit sind begeistert. Doch weder Kaltenbrunner noch Pasabán tun ihnen den Gefallen, die Rekordjagd aufzunehmen. Beide Frauen betonen, dass sie in der anderen keine Kontrahentin sehen."

Edurne Pasabán, die spanische Extrembergsteigerin, schaffte am 20. Juli 2005 den Nanga Parbat (8.125 Meter), ihren achten Achttausender. Keine 24 Stunden später schaffte Gerlinde Kaltenbrunner ihren achten Achttausender, den Gasherbrum II (8.035 Meter). Frauen am Berg sind heute keine Seltenheit mehr, aber in einer Gruppe auch als Erste zu gehen, die Spur zu machen, das wurde lange von den männlichen Bergsteigern nicht gerne gesehen. So erzählte Helma Schimke, Architektin und Pionierin des Bergsports in Österreich, dass sie in den 1950ern in gemischten Seilschaften nur bei Nebel vorangehen durfte.

Fünfzig Jahre später hat sich nicht viel geändert. „Cinderella Caterpillar" – den Spitznamen erhielt Gerlinde Kaltenbrunner von kasachischen Bergsteigern 2003 am Nanga Parbat. Zuerst wurde sie bei der Spurarbeit von den Kollegen vollkommen ignoriert – „Frau am Berg" war schließlich sonderbar. Als sie dann doch einmal zum Zug kam und die Spur treten „durfte", kamen ihr die Kasachen nicht nach. Sie war zu dem Zeitpunkt einfach besser akklimatisiert. „Dann haben sie mich endlich nach meinem Namen gefragt. So war das Eis gebrochen und es ist zu diesem Spitznamen gekommen", spricht das zarte Wesen mit der Kraft eines Raupenfahrzeugs.

Ihre Achttausender-Serie begann Gerlinde Kaltenbrunner im Jahr 1994 mit der Besteigung des Broad Peak (Vorgipfel, 8.027 Meter) – der erste große Erfolg für sie. Die Serie wurde 2011 mit dem K2 (8.611 Meter, Nordpfeiler) gekrönt. Auf dem Weg zum letzten Gipfelsieg über die wesentlich anspruchsvollere Nordseite ging sie ohne ihren Partner Ralf, er begleitete sie per Funk bzw. stellte er im Basislager den aktuellen Stand ihres Vorwärtskommens ins Netz. drei Millionen Follower und 17 Millionen Klicks. Die Resonanz war enorm. Die ganze Welt war bei ihrem Gipfelerfolg dabei.

Von 1994 bis 2011 unternahm sie bis zu dreimal pro Jahr Bergtouren auf die höchsten Berge. Oft gemeinsam mit dem Extrembergsteiger Ralf Dujmovits, mit dem sie von 2007 bis 2015 verheiratet war. Beide waren immer sehr gut vorbereitet, achtsam unterwegs und auch bereit, umzukehren, wenn es die Verhältnisse einfach nicht erlaubten. Und das rettete oft ihr Leben. 2003 waren sie zusammen auf ihrer ersten gemeinsamen Achttausender Expedition unterwegs.

Wie nahe Erfolg und Tod jedoch beieinander liegen, mag ihre Tagebucheintragung vom 21. Juli 2009 im K2-Basislager veranschaulichen: „Vor vier Tagen überschattete eine sehr schlechte Nachricht unsere positive Stimmung. Meine Freundin Cristina stürzte unterhalb vom Vorgipfel des Broad Peaks in die Tiefe. Obwohl wir uns alle über die Risiken des Höhenbergsteigens bewusst sind, ist der Verlust von Cristina für mich im Moment nur schwer zu verkraften. Ich werde sie im Herzen in allerbester Erinnerung behalten und sie in Gedanken weiterhin mit auf die Berge nehmen ..."

Gerlinde Kaltenbrunner wurde am 13. 12. 1970 in Kirchdorf an der Krems, Oberösterreich, geboren und wuchs mit fünf Geschwistern auf. Die Liebe zur Natur, zu den Bergen und zum Bergsteigen vermittelte ihr der Dorfpfarrer. Ihren ausgeprägten Bewegungsdrang lebte sie als Kind und Jugendliche in unterschiedlichen Sportvereinen aus, bis sie mit 16 Jahren einen Vortrag über den K2 hörte – und da wollte sie auch hin. Als Frau auf einem Achttausender stehen. Expeditionen sind teuer. Gerlinde Kaltenbrunner sparte eisern ihr Gehalt, am Wochenende gab sie Skiunterricht. Um mehr Freizeit zu haben, hängte Gerlinde Kaltenbrunner ihren Beruf als Krankenschwester, der ihr sehr am Herzen lag, an den Nagel und wurde Vertreterin für Sportartikel. 2003 avancierte sie zur Profibergsteigerin. Den 17 Kilogramm schweren Rucksack selbst tragen, nur in kleinen Gruppen gehen, die Wege selbst bestimmen und treten, ohne Zuhilfenahme von zusätzlichem Sauerstoff. Der Alpinstil war ihre Wahl, alle Achttausender zu besteigen. Was zeichnet diese Ausnahmebergsteigerin aus? Mentale Stärke, sehr gute körperliche Vorbereitung, genaueste Planung der Route und ein gutes und vertrautes Expeditionsteam. Und was sie immer wieder betont: ihre enorme Trinkmenge von fünf Litern Flüssigkeit pro Tag.

Und wie reagierte die männliche Bergsteigerelite auf ihren Erfolg? Es gab viel positives Echo, Lob und Anerkennung, die Medien hypten sie nach dem zehnten erfolgreich absolvierten Achttausender, was Reinhold Messner zur Aussage hinriss: „Jetzt soll sie mal die vier machen und dann werden wir alle applaudieren. Ich mein', die Paris Hilton geht ja auch überall herum und sagt, heute macht sie das und jenes." Begriffe wie Pistena pinismus, den die ersten Bergsteigerinnen betrieben haben, oder „Bergprinzessin" sind nur zwei die Leistung von Frauen abwertende Begriffe.

Heute lebt Gerlinde Kaltenbrunner in Österreich, ist weiter in den Bergen der Welt unterwegs, hält Vorträge und Seminare und unterstützt Hilfsprojekte in Nepal. z. B. die Nepalhilfe Beilngries.

Im August 2010 bekam Gerlinde Kaltenbrunner den goldenen King Albert Mountain Award. 2011 erhielt sie das Goldene Ehrenzeichen der Republik Österreich. Die National Geographic Society verlieh Gerlinde Kaltenbrunner 2012 den „Explorer of the Year Award". Auf ihrer Website ist zu lesen: Innere Begeisterung, Hingabe, Dankbarkeit, ein achtsamer, respekt- und liebevoller Umgang mit der Natur und allen Wesen sind die Grundpfeiler ihres Lebens.

Das persönliche Interview

Sie waren in Ihrem Bereich des Extrembergsteigens „die Erste". – War dieser (Karriere-)Weg geplant oder hat sich Ihre Laufbahn situationsbezogen entwickelt?
Von klein auf haben mich die Berge angezogen, mir Kraft und Energie gegeben. Mit dem Pfarrer unserer Heimatgemeinde, Dr. Erich Tischler, habe ich meine ersten

Bergtouren unternommen und mit 16 Jahren durfte ich einen Vortrag über den K2 besuchen, der mich faszinierte. Damals kam der starke Wunsch auf, irgendwann einmal diese wunderschönen hohen Berge in natura zu sehen ... und später der Gedanke, einen dieser ganz hohen Berge sogar einmal zu besteigen. Nach der Besteigung des Nanga Parbat im Jahr 2003 wusste ich, dass ich mich voll und ganz auf das Bergsteigen konzentrieren und dies auch zu meinem Beruf machen wollte. Nachdem ich den Gipfel des neunten Achttausenders erreicht hatte, entstand der Wunsch, doch einmal auf allen 14 gestanden zu haben. Es entwickelte sich nach und nach.

Gab es Vorbilder (abgesehen von Ihrem Dorfpfarrer) und/oder Mentorinnen/Mentoren für Ihren Berufswunsch? Wenn ja, welche?
Meine Großmutter. Sie hat alle schwierigen Lebenslagen in beeindruckender Art und Weise gemeistert. Sie ist mein Idol.

Wie wurde innerhalb Ihrer Familie (Eltern, Geschwister) auf Ihre Leidenschaft reagiert? Gab es hier geschlechtsbezogene Vorbehalte?
Meine Familie reagierte immer gelassen auf meinen Antrieb und meine Begeisterung für die Berge. Später, vor allem, als ich ihnen die ersten Videoaufnahmen von den hohen Bergen gezeigt hatte, konnten sie nachvollziehen, wie es in großer Höhe wirklich ist. Was sie nicht nachvollziehen konnten und immer noch nicht können, ist, dass ich mich freiwillig so anstrengen wollte und in – aus ihrer Sicht – große Gefahr begeben habe :-) Geschlechtsbezogene Vorbehalte gab es nie.

Männerbünde funktionieren wunderbar. Das zeigt uns immer wieder die Geschichte. Wie sieht es hier mit weiblichen Netzwerken aus, gibt es mehr Konkurrenz als Kongruenz?
Aus meiner Sicht gab und gibt es unter uns Frauen keine Konkurrenz. Darauf lege ich großen Wert. Egal, ob Mann oder Frau, ich gönne allen, Erfolg zu haben. Auch unterstütze ich meine Freundinnen und auch andere, die nach Rat fragen, solange es im Rahmen meiner Möglichkeiten liegt. Auch Sponsorentipps gebe ich weiter.

Für wie wichtig halten Sie Netzwerke auf dem Karriereweg?
Generell bin ich keine große Netzwerkerin, da ich möglichst wenig Zeit am Telefon und vor dem Computer verbringe. Es ist auf jeden Fall hilfreich und auch schön, miteinander verbunden zu sein, sich auszutauschen und zu unterstützen.

Wie haben Sie es geschafft, Karriere und Privatleben/Familie zu vereinen, oder haben Sie sich bewusst gegen eine Familie entschieden? Diese typische Frage stellt man nur Frauen. Warum wird sie immer noch Frauen gestellt?
Ich habe mich bewusst für mein Leben entschieden und bin sehr glücklich und zufrieden damit. Ich sage jeden Tag „danke", dass ich mein Leben so leben darf. Ein Stück weit lebe ich Familie mit Kindern durch meine Neffen und deren Kinder, und wenn ich unsere Schulprojekte in Nepal besuchen darf. Ihre Frage, warum diese Frage vermehrt Frauen gestellt wird, kann ich nicht beantworten.

Sie bekamen von kasachischen Bergsteigerkollegen 2003 den Spitznamen „Cinderella Caterpillar" verliehen und Ihr Bergsteigerkollege Reinhold Messner bezeichnete Sie nicht sehr charmant als „Paris Hilton der Berge". Wie gingen Sie mit diesen Zuschreibungen damals um? Was hat es mit Ihnen gemacht?

Das hat mich weder positiv noch negativ beeinflusst.

Sie sind in einer Zeit aufgewachsen, in der die Emanzipationsbestrebungen der Frauen schon fortgeschritten waren. Sind Sie trotzdem noch mit weiblichen Zuschreibungen aufgewachsen?
Aufgewachsen bin ich mit zwei Schwestern und drei Brüdern und wir hatten von unseren Eltern diesbezüglich viel Freiraum, deshalb gab es auch kein typisches Rollenverhalten oder Zuschreibungen.

Sie definierten Ihren Erfolg in einem Interview einmal so: „Das gesunde Zurückkommen, auch die Entscheidung, umdrehen zu können. Scheitern ist, wenn ich oder die anderen nicht zurückkommen." Geben Sie das auch als Vortragende oder Lehrende an Ihre „Schülerinnen" weiter?
Gewachsen bin ich vor allem an den schwierigen Momenten. Eine Tour abzubrechen habe ich nie als Rückschlag erlebt, da für mich die gesunde Rückkehr immer oberste Priorität hat. In meinen Vorträgen ermutige ich die Menschen vor allem, in sich hineinzuspüren, ihre Intuition wahrzunehmen und ihre Begeisterung zu finden und danach zu leben. Um sein Ziel zu erreichen, gilt es manchmal, Umwege und Rückschläge in Kauf zu nehmen, um gestärkt daraus hervorzugehen und nach vorne zu blicken. Ja, auch das ist immer Teil meiner Vorträge.

Kann man heute als Frau noch auf dem Gebiet des Bergsteigens „Erste" sein?
Beim Bergsteigen geht es mir nicht darum, die Erste zu sein. Es geht mir darum, in großartiger Natur unterwegs zu sein, vollkommen auf meine Besteigung konzentriert und fokussiert zu sein, zu erfahren, wie ich, auf ein Minimum reduziert, meine individuell gesteckten Ziele erreichen kann. Und wie auch zuvor, oberste Priorität hat die gesunde Rückkehr.

Sie sind eine sehr attraktive Frau. Nicht umsonst wurden Sie mit Paris Hilton verglichen. Werden Frauen erst durch ihr Äußeres wahrgenommen und in einem weiteren Scan durch ihre Leistung?
Da Frau Kaltenbrunner sich nicht über ihr Äußeres definieren will, blieb die Frage unbeantwortet.

Gerne hätte die Presse gesehen, dass Sie sich mit anderen Bergsteigerinnen einen Wettkampf liefern. Warum haben Sie das immer vermieden?
Bergsteigen liegt für mich jenseits des Konkurrenzdenkens und somit stellte sich für mich die Frage nicht. In meiner Jugend fuhr ich Skirennen und nahm an Mountainbikerennen teil. Damals spürte ich, dass ich keinen Wettkampf möchte. Vielmehr wollte ich meine eigenen Grenzen verschieben und mit den Bergen und der Natur vollkommen verbunden sein. Dabei hat Wettkampf keinen Platz. Sehr wohl wollte ich alle meine Besteigungen ohne Hilfe von Flaschensauerstoff und ohne Hochträger durchführen und konnte so Stück für Stück meine Grenzen verschieben.

Wie war es für Sie als Frau, Ihre Expeditionen zu finanzieren? Gab es seitens der Sponsoren Vorbehalte?
Zunächst habe ich die Expeditionen von meinem angesparten Gehalt als Krankenschwester sowie über Preisgelder bei Mountainbikerennen finanziert. Danach kam die Finanzierung über Vorträge, die ich über meine Expeditionen gehalten habe. Nach erhöhter öffentlicher Aufmerksamkeit konnte ich auch Sponsoren für meine Expeditionen finden. Ich habe es nie erlebt, dass Sponsoren Vorbehalte hatten, weil ich eine Frau bin.

Fragt man sie nach weiblichen Vorbildern, so steht hier an erster Stelle

Wanda Rutkiewicz

Das Role Model einer Bergsteigerinnengeneration

4. Februar 1943 bis 12./13.Mai 1992

Sätze wie „Ich liebe das Leben, je dichter und dramatischer, desto besser." oder „Bergsteigen ist meine Droge!" drücken aus, was diese Bergsteigerin zu Höchstleistungen stimulierte, und waren für ihr Leben bestimmend. Die Wegbereiterin des Frauenalpinismus liebte dieses Leben, das auf Extremen aufgebaut war.

Gertrude Reinisch, Autorin des Buches „Wanda Rutkiewicz – Karawane der Träume" und langjährige Partnerin und Freundin von Wanda Rutkiewicz, schreibt über sie, dass ihr Leben in Höchstgeschwindigkeit ablief, sozusagen wie ein Actionfilm, mit Momenten des größten Glücks und tiefen Tragödien, ohne Pausen zum Atemholen – und doch war sie immer ein wenig zu spät dran. Oft passten Wandas Ansprüche und Ideale nicht mit der Realität zusammen, denn sie hatte kaum mehr Zeit zum Trainieren und ihre Bergausrüstung in Kathmandu, Delhi und Islamabad deponiert. Sie wusste gar nicht mehr genau, welche Sachen wo waren.

Die 1943 in Plungé, Litauen, geborene Wanda Błaszkiewicz studierte, nachdem sie mit ihren Eltern nach dem Zweiten Weltkrieg nach Polen umgesiedelt worden war, in Breslau an der Technischen Universität Elektrotechnik. Bereits mit 18 Jahren entdeckte sie das Klettern für sich. Zu dieser Zeit war Klettern eine Domäne der Männer. „Die Kursleiter der Bergsteigerschule in der Hohen Tatra hielten wenig davon, Frauen im Bergsteigen auszubilden." (Aus einem Interview mit Wanda Rutkiewicz auf dem Service-, News- und Touren-Portal für Bergsteiger, Wanderer, Mountainbiker und Naturgenießer.) Der Begriff des Frauenalpinismus wurde durch Wanda und ihre Frauenexpeditionen in den hochalpinen Bereich geprägt. „Bisher waren Frauen immer nur als Aufputz zu Expeditionen mitgenommen worden. Aber ich wollte mit Frauen bergsteigen, selbst Verantwortung übernehmen, statt mich von Männern auf Gipfel führen zu lassen. Für mich zählt vor allem, wie ich hinaufgekommen bin, ob es mir aus eigener Kraft gelungen ist und meine Entscheidungen richtig waren", so Wanda Rutkiewicz weiter im oben angeführten Interview.

Im Zuge der Frauenbewegung in den 70er Jahren wurde die diskriminierende Ausgrenzung der Bergsteigerinnen in der Öffentlichkeit zum Thema gemacht. Das veranlasste Reinhold Messner zu folgender anerkennender Aussage: „Wanda Rutkiewicz lebt die Emanzipation in der Tat und braucht nicht mehr darüber zu reden. Ihre Leistungen sind keine Argumente, sondern Beweise."

Bestrebt, ihre eigenen Fähigkeiten durch Herausforderungen zu verbessern, kannte ihr Leben keinen Stillstand. Sie kletterte allein, ohne Seilsicherung, um sich keinen Fehler erlauben zu können. Finanziell durch den polnischen Staat und ihre Arbeitsstelle abgesichert, führten sie die ersten Frauenseilschaften nach Norwegen (1968), bis hin zur Winterbesteigung der Eiger-Nordwand (1973) und der Matterhorn-Nordwand (1978). Selbst ist die Frau, dachte sich Wanda, als sie 1975 nicht zur polnischen Lhotse-Expedition mitgenommen wurde, und organisierte erstmals als Expeditionsleiterin Erstbesteigungen in unterschiedlichen Formationen. „Ihr größter Gegner war das Misstrauen der anderen Teilnehmer."

1975 unternahm sie eine Frauenerstbesteigung auf den Gasherbrum III (7.952 Meter) und mit einer gemischten Gruppe bestieg sie auf einer neuen und schwierigen Route den Gasherbrum II (8.035 Meter). Allen Widersachern zum Trotz gelangen ihr beide Expeditionen. Dies war umso beachtenswerter, als die Ausrüstung nicht den westlichen Standards entsprach.

1978 waren zwei Polen dem Himmel so nah: Wanda Rutkiewicz, die als erste Polin auf dem Dach des Mount Everest stand, und Karol Wojtyła, der zum Papst gewählt wurde. Er war der erste Nichtitaliener nach 455 Jahren. Beide waren aus einem kommunistischen Land. Wanda erlangte in Polen ungemeine Popularität. Sie wurde zum weiblichen Role Model einer neuen Generation von Bergsteigerinnen und Bergsteigern in ihrem Heimatland. Ihre ausgegebene Parole lautete: „Mein Erfolg war der Beweis, dass jedem gelingen kann, was man sich vornimmt." So gelang ihr 1986 als erste Frau die Besteigung des zweithöchsten Berges der Welt, des K2 (8.611 Meter), noch vor Liliane Barrard/Frankreich. Ein für Letztere tödlich endendes Unterfangen, das in diesem Jahr 13 Tote forderte.

„Filmen ist zu meiner zweiten Leidenschaft geworden. Es ist eine schöpferische Arbeit, bei der ich wie durch eine Lupe auf die Welt schauen kann." Ihre

Bilder, Filme in 8.000 Metern Höhe, Vorträge und Interviews waren die dringend benötigten Einnahmequellen, denn sie kannte keinen Stillstand. Zwei Ehen von je drei Jahren – Zweitere ermöglichte ihr die österreichische Staatsbürgerschaft und somit das ungehinderte Reisen – ließen sie erkennen, dass sie der Herausforderung der Berge gegenüber einer Partnerschaft bzw. Familie den Vorzug geben musste.

Wanda Rutkiewicz starb am 12. oder 13. Mai 1992 bei dem Versuch, den 8.586 Meter hohen Kangchendzönga, den dritthöchsten Berg der Welt, über die Nordwestflanke zu besteigen. Ob sie den Gipfel erreicht hat, kann niemand sagen.

„Meine Furcht verschwand und ich spürte eine große Freiheit", steht auf der Gedenktafel von Wanda Rutkiewicz im Basislager des Kangchendzönga.

Kein Beruf ist so von den Naturgewalten abhängig wie der einer Extrembergsteigerin.

Der Kampf um die beste sportliche Leistung

Boxen – Winners never quit

„Die Magie, alles für einen Traum zu riskieren, den außer dir niemand kennt … Im Kampf über deine Grenzen hinauszugehen." Mit so pathetischen Worten beginnt der Trailer zu dem mit vier Oscars preisgekrönten Film „Million Dollar Baby".

Den Traum, in New York im Ring des Madison Square Gardens, des Olymps des Boxsports, zu stehen, den erfüllte sich 2019 Eva Voraberger. Sie ist die erste Boxsportlerin Österreichs, die gleichzeitig Weltmeisterin zweier Gewichtsklassen war. Den Film hatte sie sich gemeinsam mit ihrer Mutter am Anfang ihrer Boxkarriere angesehen. Zum Leidwesen ihrer Mutter!

Wie kann ich als Autorin den Anstrengungen dieses Sports in Worten gerecht werden? Ein schier unmögliches Unterfangen. Fikriye Selen, türkisch-deutsche Boxerin, kann dies authentisch besser wiedergeben: „Demütig durch Trainingshöllen gehen. Einmal mehr aufstehen als dein Gegner. Hart im Nehmen sein. Wer nicht bereit ist, dem Sport den Platz zu geben, den er braucht, wird vielleicht boxen können, aber kann keine Kämpferin werden."

Wir schreiben den 9. Juni 2002, gespannt sitzen Zuseher*innen in vierzig Ländern vor den Fernsehern, als ein Boxkampf zwischen Ali und Frazier ausgetragen wird. Nein, es handelt sich nicht um die beiden berühmtesten Boxkämpfer der Boxgeschichte, sondern um deren Töchter, die Frauen-Boxkampfgeschichte schreiben: Die eine, eine 39-jährige Rechtsanwältin und dreifache Mutter, Jacqui Frazier-Lyde, hat erst vor einem Jahr mit dem Boxen angefangen, die andere, die 23-jährige Laila Ali, hat als Profiboxerin erst zehn Kämpfe hinter sich. Ein Kampf über zehn Runden, technisch enttäuschend, wie die Presse schrieb, aber dieser Kampf machte Frauenboxen erst populär, denn es gab nichts Unvereinbareres als Frauen und Boxen. „Frauen trainiere ich nicht", sagt Mr. Frankie Dunn zu seiner angehenden Schülerin im „Million-Dollar-Baby"-Film. „Ich werde versuchen, zu vergessen, dass Sie ein Mädchen sind." Und er tat gut daran.

Und wie sieht es heute aus? Aktuell liegt weltweit der Anteil an Boxerinnen bei dreißig Prozent. Und er steigt stetig. In Österreich ist seit 2019 Marion Palatin Präsidentin des „Faustkämpferverbands Austria" (FVA). In Wien gibt es auch Clubs nur für Frauenboxen. Anders im Boxclub Bounce. Dort trainieren über 1.000 Mitglieder, rund ein Drittel davon ist weiblich, zwei Frauen sind Trainerinnen (Deshire Kurtaj und Michaela Kotásková). Beide sind im österreichischen Nationalkader und mehrfache Staatsmeisterinnen. Bei den Amateuren sind in der Wettkampfgruppe (Kader) derzeit sieben Frauen. Bei den Profis eine Frau, die erste österreichische Weltmeisterin Eva Voraberger. Doch das Jahr 2020 zwang Kämpfer*innen in eine Wettkampfpause. Trainieren ja, aber das Ziel vor Augen, das Warum fehlt. Disziplin wird im Boxsport großgeschrieben und daher zieht Eva Voraberger ihr tägliches Programm eisern durch.

Im Boxring stehen, das kann nur das „starke" Geschlecht. So die gängige Vorstellung. Dies ist dem hohen Gewaltanteil und der direkten Auseinandersetzung mit dem Gegenüber geschuldet. Biologisch definierte Zuschreibungen und mit dem Frausein konnotierte Eigenschaften, wie Sanftmut, Gutmütigkeit, Kommunikationsfähigkeit, widersprechen der Ausübung des Sports. Die Entwicklung des Frauenboxens geht einher mit dem Kampf um Gleichberechtigung für Frauen und weist länderspezifische Unterschiede auf. Schlagkräftige Frauen wurden einmal gesellschaftlich gefeiert, ein anderes Mal von der Gesellschaft geschmäht und ihre Darbietungen wurden nahe der Prostitution angesiedelt. Man scheute auch nicht vor terroristischen Anschlägen zurück. So konnten sich Geschlechterstereotypen über Jahrhunderte immer wieder erneuern und festigen. „Damenboxen" rutschte in die Kategorie „Unterhaltung" und wurde im beginnenden 20. Jahrhundert in Varietés, im Zirkus, in Hinterhäusern verortet. Zusätzlich argumentierten Mediziner, dass diese Sportart wider die Natur der Frau als Gebärende sei. Historische Darstellungen weisen bereits auf Faustkämpfe 3000 v. u. Z. in Ägypten hin, in Griechenland waren sie 688 v. u. Z. Teil der Olympischen Spiele und im antiken Rom wurden sie bei Gladiatorenkämpfen vorgeführt. Den Quellen war nicht zu entnehmen, ob die Kämpfe nur von Männern ausgetragen wurden. Es mussten 2.700 Jahre vergehen, bis 2012 erstmals Frauenboxen in das Programm der Olympischen Sommerspiele aufgenommen wurde.

Plakate, Berichterstattung, Sportreportagen konstruieren Geschlechterdifferenzen, spielen mit der Dichotomie Mann – Frau und den zugeschriebenen Stereotypen und scheuen auch nicht vor sexistischen Anspielungen zurück.

Mitten in der Frauenbewegung 1977 spezialisierten sich Veranstalter auf ein sexistisches Frauenboxen, die Shows wurden auf Plakaten angekündigt, etwa mit „Zarte Fäuste, harte Schläge" oder „‚Cassius-Ann' und ‚Luzifer', die ‚rote Tina' und die ‚scharfe Heidi' (...) treten gegeneinander an – mit schweren Boxhandschuhen, unten ein knappes Höschen, oben nichts". Hauptberufliche Hausfrauen, Friseusen, Büroangestellte, oft mangelhaft trainiert, setzten sich diesen Bewerben aus. Schläge auf die Brüste waren verboten. Die Frauen mussten nur unterschreiben, dass sie nicht schwanger oder krank waren, es winkten damals bis zu 8.000 DM Gewinngeld. Als Amateurboxerinnen in Dortmund auch „oben ohne" boxen sollten, wurde mit richterlichem Beschluss versucht, diese Veranstaltung wegen „mutmaßlicher Störung der öffentlichen Ordnung" zu verbieten. Die Veranstalter erhoben Einspruch und gewannen mit folgendem Argument: „Die Grenze zu einer (...) nicht mehr hinnehmbaren Erniedrigung der Frau sei bei den geplanten Veranstaltungen noch nicht überschritten." Dem gegenüber steht eine amerikanische Verordnung aus den 1920er Jahren, dass Frauen bei einem Wettkampf Aluminium-BHs tragen müssen.

Elisabeth Wilkinson versus Anny Hyfield – der erste offizielle Boxkampf

1722 kämpften erstmals öffentlich zwei Frauen gegeneinander: Elisabeth Wilkinson gegen Anny Hyfield im „Bear Garden", Southwark, London. Ein Ort, der eine lange männliche Boxsporttradition aufweist. Die Kampfkleidung bestand aus einer Jacke, einem Petticoat, der bis knapp unter die Knie ging, Unterhosen, Strümpfe und Schuhe. Das Erscheinungsbild, das die Seriosität des Kampfes unterstrich, sollte sich von den oftmals unter Prostituierten ausgeführten Kämpfen abheben. In Ermangelung von Boxhandschuhen hielten die Frauen während des Kampfes eine halbe Krone in der Hand. Das sollte einerseits das gegenseitige Kratzen verhindern, andererseits bedeutete der Verlust derselben das Kampfende. Der Kampf, der 22 Minuten dauerte und den Elizabeth für sich entscheiden konnte, war für sie der Beginn einer großen Boxkarriere unter James Figg, dem damals berühmten englischen Boxchampion. Er förderte Frauenboxkämpfe zur Freude der männlichen Zuseher: *„The blood spurted from the women's dirt stained faces, the noses split and the eyes swelled shut. The English gentlemen in the crowd loved it and screamed for more!"* Die Zuseher rekrutierten sich hier sehr oft aus adeligen Kreisen. Zwischen 1722 und 1726 trat die mit dem Boxer James Stokes verheiratete Elizabeth als „Elizabeth (Wilkinson) Stokes" auf. Einer ihrer letzten überlieferten Boxkämpfe soll am 1. (oder 3.) Oktober 1726 zwischen ihr und der Irin Mary Welch ausgetragen worden sein. Aus dem Kampf ging vermutlich Elizabeth als wieder „Unbesiegbare" hervor.

Elizabeth Wilkinson entstammte der englischen Arbeiterklasse in London. Ihre Erfolge bescherten ihr großes Ansehen.

Erster Boxkampf nach offiziellen Regeln

Dieser fand 1876 in New York im Hill's Theater zwischen Nell Saunders und Rose Harland statt. Der Preis war eine silberne Butterdose.

Bereits 1914 wurde beantragt, das Frauenboxen als olympische Disziplin einzuführen. Im Dezember 1929 meinte der französische Boxer Georges Carpentier, Europameister und Weltmeister, entrüstet, dass Männer, die solche

Kämpfe Frauen gegen Frauen veranstalteten, allesamt verhaftet gehörten. Boxen sei nur für Männer.

In Wien wurden 1921 im Olympia-Varieté und 1923 im Prater Frauenboxkämpfe zum allgemeinen Amüsement durchgeführt. Im Juli 1925 berichtete die „Illustrierte Kronen-Zeitung" von im Anschluss an Boxwettkämpfe von Männern durchgeführten Damenboxkämpfen und das „Wiener Sporttagblatt" vom 13. August 1932 bewarb das Dornbacher Volksfest mit folgenden Worten: „... mit sportlichem Einschlag ... humoristische Leichtathletik und Damenboxen sollen weiter für Unterhaltung sorgen." Dass hier nicht das sportlich wettkämpferische Element im Vordergrund stand, sondern die Befriedigung des männlich voyeuristischen Blickes bewirkte, dass in weiterer Folge das sportliche Frauenboxen als Amateurboxen von unterschiedlichen Verbänden verboten wurde. Einzig das sogenannte „Damenboxen", bei dem es um die sportliche Komponente ging, etablierte sich in privaten Salons. Obwohl körperliche Ertüchtigung von Frauen, die im Dienste der Selbstverteidigung stand, auch im Nationalsozialismus propagiert wurde, wurde Boxen für Frauen nicht anerkannt, denn eine im Wettkampf stehende Frau passte nicht in das mütterlich arisch-archaische Frauenbild. Erst in den 1990er Jahren etablierte sich das Frauenboxen als seriöse und sportliche Disziplin, wie der im Oktober 1993 in Amerika ausgeführte Boxkampf zwischen Dallas Malloy, 16 Jahre jung, und Heather Poyner, 21 Jahre, den Malloy gewann, beweist. Dallas Malloy erwirkte erst durch eine Klage, als Amateurboxerin für USA Boxing zu kämpfen. Der Rechtsstreit dauerte neun Monate und beendete die männliche Boxära. Ein Sieg für Malloy auf zwei Ebenen. Malloys Ziel war es, bei den Olympischen Spielen 1996 in Atlanta teilzunehmen. Sie hätte noch weitere 16 Jahre warten müssen, bis Frauenboxen für Amateure olympisch wurde. Aber da war sie nicht mehr als Boxerin aktiv.

Im November 1994 legalisierte der Weltverband „International Boxing Association" (AIBA) international das Frauenboxen der Amateurinnen.

Boxverbände freuten sich über den Zulauf von Frauen, die vielfach eine akademische Bildung aufwiesen. Die Verlagerung aus dem skandalumwitterten Schmuddeleck hin in den Bereich der seriösen Sportart unterstützte das Image des Frauenboxes.

Regina Halmich

Trug den ersten lizenzierten Profiboxkampf aus

22. November 1976

„Meine Motivation war: Ich beweise es euch."

1994 wurde Regina Halmich Profiboxerin mit österreichischer Boxlizenz und 1995 Weltmeisterin. Den Titel hatte sie bis 2007 inne. Bei ihrem Abschiedskampf saßen 8,8 Millionen Zuseher*innen vor den Bildschirmen, als dieser im ZDF übertragen wurde. Das schafften vor ihr nur Männer wie die Klitschko's, Axel Schulz oder Henry Maske.

Nach ihrer ersten WM-Niederlage, und nicht nur seit diesem Ereignis, war Regina Halmich immer wieder sexistischen Machosprüchen ausgeliefert: „Man hat mir am Anfang immer das Gefühl gegeben, dass ich etwas Unanständiges tue", erinnert sie sich – auch an Grenzüberschreitungen von Journalisten. „Ob ich mich überhaupt sexy fühle? Wie das mit meiner Brust sei und wie, wenn ich meine Tage habe? Ganz unangenehme Fragen, wie sie sich ein Mann nie hätte anhören müssen", zählt sie auf.

Am Beginn ihrer Karriere 1992 wurde die gelernte Rechtsanwaltsgehilfin ob ihrer Ziele belächelt. Sie boxte sich als kämpfende Frau durch das Vorprogramm beim Männerboxen, bis sie schließlich selbst im Hauptprogramm auftrat. Als erste deutsche Profiboxerin kämpfte sie im Boxstall Universum des Unternehmers Klaus-Peter Kohl in Hamburg. Sie, die 160 Zentimeter große Sportlerin, begann dort ihre Karriere in der Klasse Fliegengewicht. 2001 sagte sie in einem Interview mit der „taz", dass sie sich als Einzelkämpferin sehe: „Ob Werbeverträge oder Fernsehauftritte – im Grunde sieht es doch so aus, dass ich mich um alles selbst kümmern muss. Warum eigentlich?"

Mit elf Jahren entdeckte Regina Halmich ihre Freude am Kampfsport. Judo, Karate und schlussendlich Kickboxen waren die Wahl der Stunde. Regina gewann deutsche Meisterschaften, wurde Europameisterin und verteidigte den Titel erfolgreich. Fünf Tage nach ihrem 18. Geburtstag absolvierte sie als Profiboxerin im Fliegengewicht ihre erste Europameisterschaft. 1994 unterschrieb sie einen Profivertrag beim Boxstall Universum. Lieber wäre sie Amateurboxerin geworden, aber der „Deutsche Amateur Box Verband" vergab an Frauen prinzipiell keine Lizenz. Die Siegesprämie nach ihrem ersten Kampf betrug 1.000 DM. Sich langsam hochboxen, das machte Regina Halmich im wahrsten Sinn des Wortes. Trainiert von Jürgen Lutz, absolvierte sie erst sogenannte Aufbaukämpfe, die sie alle gewann. Die „Women's International Boxing Federation" (WIBF) wurde so auf sie aufmerksam und bot ihr einen Titelkampf um die Europameisterschaft im Superfliegengewicht an. Ihren ersten WM-Fight 1995 in Las Vegas verlor Halmich gegen Yvonne Trevino noch durch technischen K. o. Doch am 10. Juni 1995 schrieb sie Sportgeschichte. In der Europahalle in Karlsruhe trat sie gegen die US-Amerikanerin Kim Messer an und holte sich den ersten WM -Titel im Fliegengewicht.

Als „Box-Beauty" wurde sie von den Medien tituliert und war gern gesehener Gast bei Sendungen wie „Wetten, dass ...? oder dem Showkampf 2001 gegen Stefan Raab, der mit einer gebrochenen Nase den Ring verließ. Ein mediales Ereignis und kein sportliches, wie Regina Halmich betonte. An ihrem durchtrainierten Körper durften sich auch „Playboy"-Leser erfreuen. 2007 bestritt sie ihren letzten Kampf gegen Hagar Shmoulefeld, der mit einem umstrittenen Unentschieden endete.

Bis zu ihrem Abschied gewann Regina Halmich 54 von 56 Kämpfen, davon 16 durch K. o. Heute ist sie eine erfolgreiche Unternehmerin, hat Sponsorenverträge, ist als Coach tätig, hält Vorträge. Regina Halmich ist es zu verdanken, dass sich der Boxsport für Frauen in Europa etablieren konnte.

Deutschland hat hervorragende Boxerinnen hervorgebracht, wie Christina Hammer, die einzige europäische Boxerin, die den diamantenen Ring von der „World Boxing Association" (WBO) verliehen bekommen hat, oder Nicole Wesner, Wahlösterreicherin, 2011 Österreichische Staatsmeisterin im Amateurboxen, die erste Frau in Österreich, die diesen Titel gewonnen hat.

Nicola Adams

Die erste Olympiasiegerin
im Amateurboxen,
Spitzname „Baby face"

26. Oktober 1982

Bei den III. Olympischen Spielen in St. Louis 1904 hielt männliches Boxen erstmals als Disziplin Einzug. Dabei kam es auch zu einem „Showkampf" von Frauen in hochgeschlossener Kleidung mit Boxhandschuhen. 2009 entschied der IOC, Frauenboxen als Disziplin anzuerkennen. So wurde 2012 bei den Olympischen Spielen in London Frauenboxen in drei Gewichtsklassen, fünf Frauenwettbewerbe mit jeweils acht Boxerinnen – dafür musste eine männliche Gewichtsklasse weichen –, ausgetragen.

Was die Kleidung im Ring betraf, forderten einzelne Funktionäre der „International Boxing Association" (AIBA) den Minirock im Ring. Wie immer gab es einen Kompromiss: Minirock erlaubt, aber keine Vorschrift!

Der Finalkampf im Fliegengewicht wurde im Exhibition Centre London (ExCel) zwischen der Britin Nicola Adams und der Chinesin Ren Cancan ausgetragen. Die Ringansagerin war weiblich und eröffnete den Kampf mit den Worten „Let's get ready for the first Olympic Final in Women's Boxing." Aus urheberrechtlichen Gründen durfte sie nicht den Spruch „Let's get ready to rumble" sagen, denn den hatte sich schon Michael Buffer, der legendäre Ringansager, markenrechtlich schützen lassen. Entsprechend den Amateurboxregeln wurden nach jeder Runde die Punkte der Ringrichter eingeblendet.

Im Mai 2016 wurde Nicola Adams bei der 9. AIBA-Boxweltmeisterschaft der Frauen in Astana im Fliegengewicht erstmals Weltmeisterin.

Mit zwölf Jahren begann sie im Star and Fitness Gym in Leeds mit dem Boxen. Ihre Trainer waren Steven Franks und Leroy Brown. Auch die Mutter unterstützte die Tochter bis zum Ende ihrer Karriere. In späterer Folge wechselte sie in den „Hard & Fast Police Club" mit den Trainern Martin Utley und Fred Gummerson sowie Alwyn Belcher, einem englischen Nationaltrainer. Mit 13 Jahren absolvierte sie ihren ersten Kampf. Sie war gut, so gut, dass sich lange keine geeignete Gegnerin finden ließ. 2002 bestritt sie ihr erstes internationales Turnier, 2016 wurde sie Amateurweltmeisterin und in Rio de Janeiro zum zweiten Mal Olympiasiegerin im Fliegengewicht. 2017 holte sie sich im Profiboxen den WM-Titel der WBO im Fliegengewicht und blieb in insgesamt fünf Kämpfen unbesiegt.

2019, also mit 37 Jahren, beendete sie ihre Boxkarriere aus gesundheitlichen Gründen. Sie drohte ihr Augenlicht zu verlieren, ein nicht wiedergutzumachender Schaden als Folge ihrer 25-jährigen Boxkarriere. Ihr Rückzug entfachte erneut eine Diskussion über die Gleichberechtigung von Frauen und Männern im Boxsport. Beim Profiboxen dauert eine Runde bei Männern drei Minuten, bei Frauen dauerte sie ursprünglich zwei Minuten. Erstmals wurde ein Wettkampf über zehn Runden zu jeweils drei Minuten am 2. November 2019 ausgetragen, zwischen den US-Amerikanerinnen Seniesa Estrada und Marlen Esparza. Gegen die Rundendauer von drei Minuten bei Frauenkämpfen wurden medizinische Studien angeführt: Die Nackenmuskulatur sei bei Frauen weniger stark ausgebildet und Frauen würden schneller dehydrieren. Beide Faktoren begünstigten bei längerer Kampfdauer eine Gehirnerschütterung. Längere Rundenkämpfe erhöhen den Nervenkitzel beim Zuseher, es gibt Entscheidungen durch einen K.-o.-Sieg, der Marktwert der Boxerinnen erhöht sich, da das Interesse der Sender am Frauenboxen steigt und, und, und ... Es lebe die Sensation beim Sport. Es blieb bei der Diskussion. Aber solange Frauen beim Boxen immer noch weniger verdienen als Männer, ist die Zeiterhöhung bei den Runden ein gewichtiges Argument.

Bei den Olympischen Spielen in Tokio 2020 (diese mussten coronabedingt abgesagt werden) hätte es 286 Quotenplätze für 100 Athletinnen und 186 Athleten im Boxen gegeben. Im Vergleich dazu waren es 2016 in Rio de Janeiro nur 36 Athletinnen und 250 Athleten. Seit 2016 dürfen auch Profiboxer*innen an den Spielen teilnehmen. 2024 werden die Olympischen Spiele in Paris stattfinden; ihre Sprecherin Sarah Ourahmoune ist Vize-Olympiasiegerin von 2016 im Fliegengewicht.

Eva Voraberger

Golden Baby

7. Februar 1990

„Heute Nacht kann Amanda Serrano ihren siebten Weltmeistertitel in der siebten Gewichtsklasse gewinnen, wenn die in Puerto Rico geborene und in Brooklyn lebende 30-jährige Boxerin, im Kampf um den vakanten WM-Titel der WBO im Superfliegengewicht, auf die Österreicherin Eva Voraberger trifft." (...) „Mein Team hat die Österreicherin beobachtet und sie haben mir einen Plan erstellt, wie ich Eva besiegen kann, und ich arbeite hart daran, diesen Plan im Ring umzusetzen."

Aus diesem Zweikampf ging Amanda Serrano als Siegerin hervor. Im „Der Standard" vom 28. 1. 2019 resümierte Eva Voraberger: „Ein K. o. in der ersten Runde sieht nicht gut aus. Ich wollte die rechte Gerade anbringen, in dem Moment hat sie mich erwischt. Ein Lucky Punch, wie er im Kampfsport passieren kann. So ist das, ein Schlag entscheidet. Die blöde Nachrede ist mir in Österreich sicher. Viele wissen nicht, in welcher Liga ich boxe. Ich bekomme kein Fallobst vorgesetzt, das ist die Champions League." Die „blöde Nachrede" blieb aus. Die Leute zollten ihr mehrheitlich für den in Amerika durchgeführten Boxkampf Respekt.

Was Eva Voraberger aus sportlicher Fairness in den Medien nicht erwähnte, war die neu eingeführte 10-Prozent-Regel beim Frauenboxen. Das bedeutet, dass das Kampfgewicht eine Schwankungsbreite von zehn Prozent aufweisen darf. Beim Kampf um den WM-Titel der WBO brachte Eva 54 Kilo und Amanda 62 Kilo auf die Waage. Der kräftige Schlag auf die Leber und auf den Solarplexus taten höllisch weh. Keine Entschuldigung für die Niederlage, aber Kraft entscheidet in diesem Sport viel. „Wenn ich schwerer gewesen wäre, hätte ich vielleicht anders geboxt!" Eva Voraberger sah den Kampf gegen Serrano als Chance und nahm diese Herausforderung an, nachdem im Vorfeld Boxerinnen abgesagt hatten.

Mit 17 Jahren begann Eva in Graz unter Thomas Hengstberger zu boxen und dieser Sport ließ sie nicht mehr los. Alles musste sich dem Training unterordnen. Unter der Woche besuchte sie in Graz die Private Büro- und Datenverarbeitungsschule, die sie nach drei Jahren abschloss, und von Donnerstag bis Sonntag trainierte sie beim Boxteam Vienna in Wien. Heute trainiert sie 5,5 Tage pro Woche. Nach der Niederlage gegen Serrano war es an der Zeit, dieses Team zu verlassen. Eine Sportlerin von Weltrang kommt schnell unter. Beim Boxclub Bounce fand sie mit Daniel Nader einen hervorragenden Trainer. 2019 war kein erfolgreiches Jahr, mit der Niederlage gegen die Argentinierin Vanesa Taborda verlor sie ihren WBC-Weltmeister-Titel im Superfliegengewicht. In ihrem Instagram Account steht: „Lebe für die Zukunft, denn die Vergangenheit kannst du nicht mehr ändern ..."

Ihren ersten Boxkampf bestritt Eva Voraberger mit 19 Jahren in der Lugner City. Ihre Gegnerin besiegte Eva Voraberger nach 41 Minuten. „Von Anfang

KWON
KWON
BOXING

an wurde ich gut von den Printmedien unterstützt, so z. B. von der ‚Kleinen Zeitung''." Die hat vom ersten Kampf an über mich berichtet. Man hat mich mit Regina Halmich verglichen. Das hat mir sehr geholfen!" 2008 bestritt Eva Voraberger dann ihr Profidebüt in Karlsruhe und 2014 holte sie sich den ersten Weltmeistertitel der „Women' s International Boxing Federation" (WIBF) und der „World Boxing Federation" (WBF) im Kampf gegen die Thailänderin Srivilai Marasri, den sie nach Punkten gewann. 2016 gewann sie dann den zweiten WM-Titel gegen Eileen Olszewski aus Hawai. 2018 wurde sie mit dem Sieg gegen die unbesiegbare Nina Radovanović Interimsweltmeisterin der WBC im Bantamgewicht und Meisterin zweier Gewichtsklassen. So wurde Eva Voraberger von der Jägerin zur Gejagten, wie sie in folgendem Interview anmerkt.

2019 und 2020 dienten der Weiterentwicklung, Regeneration und dem mentalen Training. Doch das nächste Ziel hat Eva schon vor Augen: den Weltmeistertitel im Superfliegengewicht (52,1 Kilo). „Da kämpfe ich am besten.'

Der Kampf und das Ritual

Und wie sieht es mit der Schönheit im Ring aus? Eng an den Kopf geflochtenes Haar, Glitzerlook. Letzteres nicht ganz der Stil von Eva. Sie hat eine Schneiderin, die ihr das Outfit näht, oft passend zu den Farben der Sponsoren. Geschminkt wird nicht. Der Einzug in die Arena wird begleitet von martialischer Musik, vorneweg Bodyguards, die verhindern sollen, dass die Kämpferinnen berührt werden. Eva bekreuzigt sich, während der Bundeshymne schaut sie nach oben, eingedenk ihres Onkels, der sie immer unterstützt hat. Das erdet. Dann kann der Kampf beginnen. In der einminütigen Pause nach jeder Runde wird ihr Gesicht mit Vaseline eingecremt, damit die Haut geschmeidig bleibt. Denn jede Gesichtsverletzung könnte zu einem technischen K. o. führen und damit könnte der Kampf frühzeitig abgebrochen werden. Im Profisport zählen Härtetreffer. Form schlägt Talent, Talent und Technik die Ultima Ratio. Deshalb weiß Eva, warum sie so lange hart trainiert hat. Der Lohn: sechs WM-Titel, ein Europatitel und zwei Intercontinentaltitel.

Das persönliche Interview

Sie waren in Ihrem Bereich „die Erste". - War dieser (Karriere-)Weg geplant oder hat sich Ihre Laufbahn situationsbezogen entwickelt?
Sie hat sich situationsbezogen entwickelt.

Wollten Sie jemals die Erste sein?
Mein größter Wunsch war, dass der Boxsport für Frauen in Österreich bekannt wird. Mir war wichtig, dass die Frauen die gleiche Plattform bekommen und ihre Kämpfe auch übertragen werden. Das macht der ORF Sport+ super. Mein Kampf und der Kampf von Marcos Nader wurden live übertragen. Egal, von wem ausgetragen, der Sport muss als gleichwertig angesehen werden. Die Sponsoren machen hier auch keinen Unterschied. Ich habe schon den Drang, zu siegen und einen Titel zu erringen.

Wie sehen Sie Ihre Position als Kind in der Familie?
Mein Bruder hat nie gesagt: „Du bist ein Mädchen!" Wir wurden von der Familie gleich behandelt, mit allen Konsequenzen, unabhängig vom Geschlecht.

Gab es Vorbilder und/oder Mentorinnen/Mentoren für Ihren Berufswunsch? Wenn ja, welche?
Vorbilder waren Regina Halmich und Daniela Köhler, diese war siebenfache Meisterin im Kickboxen. Sie war meine erste Sparringpartnerin und steht heute immer in meiner Ecke.

Für wie wichtig halten Sie Netzwerke auf dem Karriereweg? Männerbünde funktionieren wunderbar. Das zeigt uns immer wieder die Geschichte. Wie sieht es hier mit weiblichen Netzwerken aus, gibt es mehr Konkurrenz als Kongruenz?
Also für mich sind Sponsoren wichtig. Die kennen sich auch untereinander. Und sagen, das Sponsoring hat mir aber viel gebracht, v. a. die Übertragungen des Sportereignisses. Auch die sozialen Netzwerke wie Facebook und Instagram werden immer wichtiger. Am Anfang waren diese Medien nicht so wichtig, aber jetzt schauen schon die Sponsoren, wie viele Likes und Follower man hat. Wenn ich Mails an Sponsoren schreibe, schreibe ich immer auch dazu, wie viele Follower ich habe. Mit Instagram habe ich spät angefangen, mit Facebook viel früher, das geht besser. Gerade jetzt, wo keine Kämpfe stattfinden, sind Sponsoren wichtig. Ich kenne

sie alle persönlich. Das hilft mir in dieser Zeit. Sie sagen, du warst immer für uns da, wir unterstützen dich weiterhin. Ich habe einen Hauptsponsor, sonst für die Kämpfe kleinere Sponsoren. Ich mache alles selbst, habe keine Assistentin. Ich bin seit Jänner 2020 im Bounce, da habe ich eine gute Unterstützung und muss nicht alles selbst machen. Leider hatte ich heuer noch keine Kämpfe. Die wurden coronabedingt alle abgesagt.

Zur Wettkampfvorbereitung sind Frauen als Sparringpartnerinnen sehr wichtig. Man arbeitet schon extrem zusammen. Boxen ist zwar ein Einzelsport, aber man braucht die andere als Partnerin. Man sucht sich z. B. eine ehemalige Gegnerin, die eine ähnliche Technik wie die nächste Wettkampfgegnerin hat, als Sparringpartnerin. Ich freue mich, dass so viele Frauen den Sport ausüben. Die Konkurrenz gibt es nur am Beginn. Bei meinen ersten Kämpfen war die Gegnerin der Feind.

Wie weit sind Sie von Ihrer Familie unterstützt worden?

Die steht zu hundert Prozent hinter mir. Am Anfang war es so, da habe ich viele Sportarten ausprobiert und blieb nur kurz dabei. Aber dann haben sie gesehen, dass ich alles dem Boxsport untergeordnet habe. Bei den ersten Kämpfen waren sie immer dabei. Mama, Papa, Oma, alle waren immer dabei. Ich war immer sehr kommunikativ.

Liegt es an Ihnen als Person, dass der Frauenboxsport in der Öffentlichkeit so gut angenommen wird?

Das war von Anfang an so. Das hängt auch viel von den Trainern ab. Man muss viel Disziplin haben. Ich wollte nie, dass Boxen dieses Rotlichtmilieu anhaftet. Ich wollte es salonfähig machen. Mein Trainer hat damals gesagt, ich mache keine Unterschiede zwischen Frau und Mann. Du bist eine Kämpferin. Dementsprechend haben mich im Verein die Leute so behandelt. Beim Training habe ich genauso viele Liegestütze machen müssen. Natürlich wird dann schon unterschieden, aber nicht am Anfang. Von anderen Sportarten habe ich schon gehört, dass Frauen gesagt wird: „Du bist eine Frau, du kannst das nicht!" Ich hatte nie ein Problem. Wenn mir jemand sagt, du bist eine Frau, du kannst das nicht, dann lasse ich mir das ganz einfach nicht gefallen. Es kommt auch auf das Auftreten an. Aber das bekommt man durch den Boxsport.

Haben Sie Ihren erlernten Beruf ausgeübt?
Nein. Ich habe, wie ich noch die Schule besucht habe, bei meiner Mama gewohnt. Da war es nicht so kostenaufwendig. Ich habe mir das alles selbst erarbeitet. Die ersten Kosten sind noch nicht so schlimm, die kann man am Beginn pro Kampf mit Kleinsponsoren abdecken. Dafür verbogen habe ich mich aber nie.

Medizinische Studien belegen, dass die Nackenmuskulatur bei Frauen weniger stark ausgebildet ist und Frauen schneller dehydrieren sowie eine Schwangerschaft, wenn eine Frau boxt, schwierig verlaufen kann. So weit die medizinische Argumentation gegen das Frauenboxen. Können Sie das bestätigen?
Also, das kann ich nicht bestätigen. Wir trainieren unseren gesamten Körper und nicht jeden Tag Sparring. Mexikanische Boxsportlerinnen legen eine Babypause ein und kämpfen wieder weiter. Also Boxen hat keinen Einfluss auf das Gebären.

Werden Frauen im Boxkampf noch immer schlechter bezahlt als Männer?
Die Gagen in Österreich kann man nicht mit denen in Amerika vergleichen. Der Verband für die Profis hat nichts mit den Gagen der Boxer zu tun. In Amerika hat z. B. der Promoter Matchroom Boxing Boxer unter Vertrag, er sagt ihnen, wann sie kämpfen sollen, und organisiert alles für sie, legt auch die Kampfbörse fest. In Österreich muss man sich um alles selbst kümmern. Jetzt macht das das Bounce für mich. Den goldenen WBC-Gürtel, den ich habe, wenn den ein Mann hätte, dann hätte er ausgesorgt, wie z. B. Mike Tyson. Es gibt auch Frauen, die gut verdienen, wie z. B. Katie Taylor in Amerika, aber da steht auch ein großer Promotor dahinter. Das ist in Österreich ganz anders. Also, für den Kampf gegen Serrano habe ich für eine Frau aus Europa gut gezahlt bekommen.

Wie haben Sie es geschafft, Karriere und Privatleben/Familie zu vereinen, oder haben Sie sich bewusst gegen eine Familie entschieden? Diese typische Frage stellt man nur Frauen. Warum wird sie immer noch Frauen gestellt?
Ich habe bis 2019 alles dem Boxsport untergeordnet. Wenn jemand gefragt hat, ob ich zum Essen oder Trinken mitgehe, habe ich immer verneint. Ich musste am nächsten Morgen wieder trainieren. Das passt nicht zusammen. In den letzten beiden Jahren habe ich es ein bisschen schleifen lassen. Aber was ich daraus gelernt habe: Wenn man an der Weltspitze bleiben will, dann muss man dem Ziel alles unterordnen.

Der Massensport Fußball

Frauen erobern die Stadien

Stellen Sie sich vor, der weltbeste Fußballer ist homosexuell und lebt in einer Beziehung mit einem Basketballer. Undenkbar, er wäre trotz hervorragender Leistungen ständigen Schmähungen auf dem Fußballfeld und in den sozialen Medien ausgesetzt. Manifestation des Männlichen!

Megan Rapinoe, die „beste Fußballerin der Welt", lebt ihre lesbische Beziehung offen aus und ist das geachtete Enfant terrible des weiblichen Fußballs. Werden Fußballerinnen eher männliche Attribute, wie Kampfgeist, Körpereinsatz, Aggression, Mannschaftsgeist, und somit eher die Lesbe zugestanden, wohingegen dem homosexuellen Fußballspieler die weiblichen Zuschreibungen nicht verziehen werden? Männliche Massen können doch Homosexueller nicht grölend Loblieder singen? Fußball ist der Sport der Massen, v.a. in Europa. In kaum einem anderen Sport wird so viel Geld mit Menschen verdient wie in dieser Sportart. Der Sportler selbst wird zur Ikone, zum Idol hochgespielt, jeder Körperteil wird gewinnbringend zur Verkaufsfläche. Nicht zu vergessen, Instagram und Co. mit Millionen Followers treiben den Marktwert des Spielers in ungeahnte

Höhen. Wohlgemerkt, des männlichen Profispielers. Für den EM-Sieg 1989 erhielt das deutsche Frauenfußballteam ein 41-teiliges Kaffeeservice mit blauen Blümchen. Das war 34 Jahre nach dem Verbot des Frauenfußballes durch den Deutschen Fußball-Bund 1955. Ein weiteres Argument war, dass die Frauen keine Profispielerinnen waren, sondern nur als Amateurinnen das runde Leder siegessicher in dem Tor platzierten.

Vergleicht man international die Prämien der Spieler mit jenen der Spielerinnen, so fallen die für Frauen ausgeschütteten Summen immer noch um ein Vielfaches geringer aus als für die Männer: Bei der letzten Männer-WM 2018 schüttete die FIFA insgesamt 400 Millionen Dollar (ca. 355 Millionen Euro) an Preisgeldern aus – für die Frauen waren es nur 30 Millionen Dollar (26,6 Millionen Euro).

In der Champions League stieg zwischen 2014 und 2017 die Titelprämie um mehr als fünfzig Prozent auf 15,2 Millionen, bei den Frauen nur um zehn Prozent (auf 248.000 Euro).

Fußball ist ein Massensport, Massen sitzen bei Spielübertragungen vor den TV-Geräten oder im Stadion. Dieser Sport wird aber mittlerweile auch unabhängig vom Geschlecht von Kindesbeinen an betrieben.

Der Fußballsport begann auf Augenhöhe der Geschlechter. Männer, Frauen und auch Kinder trieben im 16. Jahrhundert gemeinsam den Ball durch englische Dörfer und Felder, begleitet von Massen an Zuschauern. Es war eher ein wildes Volksspiel, in dem Emotionen abseits jeglichen Reglements ausgelebt werden durften. Als diese Sportart Einzug in die Curricula der Knabenschulen hielt, war die geschlechtliche Zugehörigkeit des Fußballs zementiert: „Das Fußballspiel forderte Disziplin, verstärkte den Korpsgeist, gleichzeitig aber auch die Wettbewerbsorientierung der Jugendlichen. Männlichkeit verband sich nun nicht mehr mit roher Gewalt, sondern mit Fairness." (Zitiert aus dem Buch „Facetten der Konstruktion von Weiblichkeit und Männlichkeit am Beispiel Fußball".) Man muss hier bedenken, dass es zu Beginn des 19. Jahrhunderts für Mädchen noch keine öffentlichen höheren Schulen gab und daher der Unterricht meist zu Hause erfolgte. Mit der Einführung von für alle geltenden Regeln ab 1863 durch die Vertreter der größten Public Schools Englands wurden die Abläufe strukturiert, die

Spieleranzahl wurde auf elf reduziert – und aus einem „wilden Haufen" wurde eine disziplinierte Mannschaft.

Mit der Gründung des ersten Fußballverbandes 1863, der „Football Association" (FA), wurde Fußball nun ganz offiziell von seiner Entwicklungsgrundlage, dem Rugby Football, getrennt. Fußball verbreitete sich von der Schweiz aus über Europa. 1888 wurde in England das erste Fußballspiel von Frauen ausgetragen. Die Gründung weiterer Frauenfußballclubs ließ nicht lange auf sich warten. Das „Wiener Sporttagblatt" vom 21. Dezember 1928 berichtete, dass in Frankreich seit Jahren Frauenfußball gespielt wird und Teams wie „Femina Sport" und „Dunlop Sport", die beiden führenden Mannschaften, mit „respektabler Spieltechnik" überzeugten. Auf Grund des hohen Niveaus der Matches wurden die Regeln für den Frauenfußball in Frankreich jenen der Männer angepasst, z. B. dass Schiedsrichter aus der Liga kommen müssen und keine Spielerin ihre Hände benützen darf.

Trotz Einschränkungen seitens der FA für den englischen Frauenfußball hat sich bis 1931 ein sehr gutes Frauenfußballteam, das Preston Ladies' Team des Managers Dick Kerr (als Werksmannschaft der Firma Dick, Kerr & Co. gegründet) gehalten, das sein erstes Spiel gegen die männliche Werksmannschaft gewann. Die FA sah Frauenfußball als ernst zu nehmende Konkurrenz für den Männerfußball an, wie ein Spiel oben genannten Teams am 26. Dezember 1920 im Goodison Park in Liverpool bewies. Dem Match wohnten 53.000 Zuschauer bei, 10.000 weitere Zuschauer mussten abgewiesen werden.

Verbote seitens der Fußballverbände, Zugangsbeschränkungen zu Stadien, Schmähungen der Presse stellten sich der Verbreitung des Frauenfußballs in den Weg. Erst mit der zweiten Emanzipationswelle in den 70er Jahren wurde dieser Sport auch als Frauensport zunehmend anerkannt.

Es mussten mehr als vierzig Jahre vergehen, bis Franz Beckenbauer anlässlich der Frauen-Fußballweltmeisterschaft 2011 mit dieser Aussage im „Stern" aufhorchen ließ: „Ich gebe ehrlich zu, dass ich früher eine andere Meinung hatte über den Frauenfußball." Doch seine Grundhaltung habe sich geändert – „weil ich selbst miterlebt habe, wie dynamisch und elegant die Frauen inzwischen Fußball spielen." In Deutschland wurde 1930 der 1. Deutsche Damen-Fußball-Club Frankfurt (DDFC) von der Metzgerstochter und Kabarettistin Lotte Specht gegründet. Ein Jahr später wurde er aufgelöst. 1950 verbot der DFB seinen Vereinen, Frauensektionen zu gründen. Das änderte sich erst mit 1970. 1984 trug die UEFA die erste Fußball-Europameisterschaft der Frauen aus, die FIFA 1991 die erste Weltmeisterschaft und 1996 waren Frauen erstmals bei den Olympischen Spielen vertreten.

Die Situation in Österreich

Seit circa 1890 wird Fußball in Österreich gespielt. Bis zum Ersten Weltkrieg avancierte er zum Volkssport, nach dem Krieg wurden Vereine gegründet, Stadien und Fußballplätze gebaut. Er wurde zum Arbeiter Volkssport. Ein kostengünstiges Freizeiterlebnis. Auch während des Nationalsozialismus durften Vereine weiterspielen, ausgenommen waren jüdische oder Frauenvereine.

1904 wurde die „Fédération Internationale de Football Association" (FIFA) gegründet, der Österreich 1905 beitrat. 1904 erfolgte durch die Vienna und die Cricketer die Gründung des Österreichischen Fußballverbands (ÖFV, ab 1926 ÖFB, Österreichischer Fußball-Bund, mit Amateurstatus). Literatur über den Frauenfußball in Österreich ist wenig vorhanden. Auf der Seite des Union Sportclubs (USC) Landhaus werden Wiener Zeitungsquellen genannt, die auf ein Floridsdorfer Damenteam mit dem Namen „Tipp-Topp" hinweisen, das eher einen Hobbycharakter hatte. In den 1920er Jahren kam es zur Gründung des Ersten Wiener Damenfußballklubs Diana. Aus diesem Grund erließ 1923 die Zeitung „Der Montag" einen Aufruf an fußballbegeisterte Frauen. Aus über 160 wurden 43 Frauen ausgewählt, die alle im Training unter der Leitung von Ferdinand Swatosch äußerste Motivation zeigten. Auf zwei Sportfesten durften die Frauen ihre Leistung zeigen, doch blieb der erhoffte kommerzielle Erfolg aus.

So recht wollte also der Frauenfußball in den 20er Jahren nicht Fuß fassen, gestützt durch medizinische, biologische und moralische Einwände. 1934 wurde der 1. Damen-Fußball-Club „Kolossal", später DFC Wien, gegründet, der unter der Leitung des Radprofis Ferry Dusika trainierte. Das erste Match fand im Oktober mit mehr als 3.000 Zuschauerinnen und Zuschauern statt. Den Ankick nahm Matthias Sindelar vor. 1935 wurde die „Österreichische Damenfußball-Union" gegründet, die eine Liga mit neun Clubs ins Leben rief. Von Mai bis Juli 1936 fand die erste weltweite und bisher einzige Fußballmeisterschaft für Frauen statt. Einziger Wermutstropfen war das Verbot, auf Verbandsplätzen zu spielen. Dennoch hielt sich der Frauenfußball in Wien bis zum Herbst 1938, also auch über den „Anschluss" hinaus. In den 50er Jahren erschwerte der ÖFB den Sportlerinnen, wieder im Frauenfußball Fuß zu fassen. Das schon historische Verbot der Platzfreigabe für Spiele von Frauenteams wurde aus der Mottenkiste hervorgeholt. Trotzdem kam es zum ersten Länderkampf gegen die BRD. Erst die 1968 neu gegründete Frauensektion des USC Landhaus leitete ein Umdenken ein. Nach längeren Verhandlungen wurden 1971 die Frauenteams in den Wiener Fußballverband aufgenommen. Somit erlosch auch in weiterer Folge das Platzverbot für die Vereine. Seit der Saison 1982/1983 richtet der ÖFB die Frauenmeisterschaften aus. Die österreichische Frauennationalmannschaft ist seit 1990 unter dem Dach des ÖFB und absolvierte ihr erstes Länderspiel unter dem Teamchef Peter Leitl am 25. August 1990 mit 1:5 gegen die Schweiz in Richterswil. Das schweizerische Frauenteam, welches bereits siebzig Länderspiele absolviert hatte, lag hier klar im Vorteil. 2.000 Zuschauer*innen sahen das Match, das im Rahmen eines Volksfestes stattfand. Eveline Leitner war damals Kapitänin der Damennationalmannschaft und Österreichs erste Trainerin: „Die A-Lizenz mach' ich auch noch. Dann kann ich jederzeit einen Bundesligaklub trainieren. Aber das wird's nie geben." Auch Irene Fuhrmann glaubt, dass jetzt die Gesellschaft noch nicht reif für eine weibliche Trainerin eines männlichen Teams ist. Die Spieler selbst sind aufgeschlossen, stehen aber einem konservativen Publikum gegenüber.

Ein „Meilenstein" für den österreichischen Frauenfußball wurde im Schuljahr 2011/12 gesetzt. Damals öffnete in der niederösterreichischen Landeshauptstadt St. Pölten die ÖFB Frauen-Akademie, damals noch unter dem Namen „Nationales Zentrum für Frauenfußball". Damit schaffte der ÖFB erstmals die Möglichkeit einer elitären, fußballspezifischen Ausbildung für junge Mädchen – unmittelbar im Anschluss an die Ausbildung in den Landesverbandsausbildungszentren (LAZ)." Derzeit ist U19-Frauen-Teamchef Michael Steiner sportlicher Leiter der ÖFB Frauen-Akademie und Assistent der neuen Trainerin der Nationalmannschaft, Irene Fuhrmann.

Mit dem dritten Platz des Frauen-Nationalteams bei der UEFA Women's EURO in den Niederlanden 2017 schrieb das Frauennationalteam Fußballgeschichte. Das Halbfinale der EM 2017 wurde von 12.000 Personen live auf dem Rathausplatz und von knapp 1,4 Millionen Zuseherinnen und Zusehern vor dem Fernseher verfolgt. Auf Grund des Erfolgs und regen Interesses am Frauenfußball wurden die WM-2019-Qualifikationsspiele der Österreicherinnen auf ORFeins übertragen. Darüber hinaus besteht ein Vertrag mit dem ORF, eine gewisse Anzahl von Spielen zu übertragen. Das lockt auch Sponsoren an, die trotz coronabedingten Lockdowns weitere vier Jahre in das Frauenteam investieren.

2020 wurde erstmals in der Kategorie „Erfolg International" des von der Tageszeitung „Die Presse" initiierten Preises „Die Österreicherinnen und Österreicher des Jahres 2020" eine Frau aus dem Fußballsport nominiert: Viktoria Schnaderbeck, die seit 2007 Teil des österreichischen Frauen-Fußballnationalteams ist und seit der Saison 2018/19 beim britischen Spitzenclub Arsenal Women FC spielt.

Nettie Honeyball

Die erste Organisatorin eines Frauenfußballspieles

Ca. 1871 bis ca. 1901

Nettie Honeyball, eine englische Frauenaktivistin, organisierte am 23. März 1895 das erste Spiel zwischen Schottinnen, „North Red", und Südengländerinnen, „South Blue", in Crouch End, Hornsey. Das Interesse der Bevölkerung war enorm. Mehr als 10.000 Besucher*innen und jede Menge Reporter nahmen an dem Spiel Anteil.

„All through the afternoon train-loads of excited people journeyed over from all parts, and the respectable array of carriages, cabs, and other vehicles marked a record in the history of Football. Yet all that this huge throng of ten thousand had gathered to see was the opening match of the British Ladies' Football Club." So in der Zeitschrift „Sketch" vom 27. März 1895. Frauen des Mittelstandes drangen in eine männliche Sportart ein, die mehrheitlich von der Arbeiterklasse ausgeübt wurde. Umso genauer und schärfer wurden diese Frauen betrachtet und bewertet. Die Technik des Spiels, die Kleidung, das weibliche Aussehen fanden ebenfalls in der Presse ihren Niederschlag, etwa in obiger Ausgabe der Zeitschrift „Sketch": *„A footballer requires speed, judgement, skill, and pluck. Not one of these four qualities was apparent on Saturday. For the most part, the ladies wandered aimlessly over the field at an ungraceful jog-trot. A smaller ball than usual was utilised, but the strongest among them could propel it no further than a few yards. The most elementary rules of the game were unknown, and the referee, Mr. C. Squires, spent a most agonising time."*

Die öffentliche Austragung bedingte im viktorianischen Zeitalter die Wahrung gewisser Anstandsregeln, wie das Tragen von Hüten oder Röcken über den „anstößigen" Knickerbockern.

Bei einem anderen Spiel schrieb ein Reporter des „Sporting Men" vom 22. April 1895: *„(...) however, the young women presented a pretty appearance on the field, and this was in a great measure due to the nice assortment of colours, as well as the dainty way in which the women set them off. The jerseys* *of one side were of dark red, relieved with white, and were a nice contrast to the dark and pale blue costumes of the other side. Perhaps it was an accident, but it was a curious fact that the wearers of the red costumes were mostly brunettes, while several of the blue-jersied players were blondes. The ladies, no doubt, knew what colour best suited them, and certain it was that they appeared to the best advantage. One or two of the players wore dainty white gloves, while in several other instances the ladies allowed their hair to hang down their backs."*

Bereits 1888 war das erste Fußballspiel von Frauen ausgetragen worden, erst sechs Jahre später, 1894, gründete Nettie Honeyball den ersten Frauenfußballclub, den „British Ladies' Football Club", deren Vorsitzende Lady Florence Dixie, eine exzentrische Schriftstellerin, war.

Die Gründung war zugleich eine Art Manifest für die Emanzipation der Frauen. Nettie Honeyball rechtfertigte die Gründung des Clubs in einem am 6. Februar 1895 in „The Sketch" veröffentlichten Interview wie folgend: *„there is nothing of the farcical nature about the British Ladies' Football Club. I founded the association late last year, with the fixed resolve of proving to the world that women are not the ‚ornamental and useless' creatures men have pictured. I must confess, my convictions on all matters, where the sexes are so widely divided, are all on the side of emancipation and I look forward to the time when ladies may sit in Parliament and have a voice in the direction of affairs, especially those which concern them most."*

Manche Medien reagierten unter der Headline „Die Neue Frau" mit plasphemischen Karikaturen und Gedichten auf das neue Betätigungsfeld der Frauen.

In weiterer Folge wurde eine große Anzahl an Spielen ausgetragen, einige davon für einen karitativen Zweck.

1902 verbot die „Football Association" (FA), das Spiel von Frauenteams gegen Männerteams. Die Frauenteams wurden zu „unwürdigen Gegnern" erklärt. Damit ist aber auch belegt, dass das Fußballspiel von Beginn an ein Spiel der Geschlechter war. Die mächtige FA öffnete während des Ersten Weltkriegs in England und Frankreich die Stadien für den Frauenfußball. Die Einnahmen wurden gespendet. Eben diese FA verbot nach dem Krieg Frauen die Ausübung des

Sports in Stadien. Die ewig gleichen Argumente, dass fußballspielende Frauen den Wert des Männerfußballspiels herabsetzen würden, schlechte körperliche Voraussetzungen hätten sowie dass der Frauenkörper vermännlicht würde, wurden ins Treffen geführt. Allen Widerständen zum Trotz kam es 1920 zum legendären Spiel der Dick Kerr's Ladies gegen die St. Helens Ladies in Everton vor 53.000 zahlenden Zuschauerinnen und Zuschauern.

Das „Barbie-Fußballtrainerin"-Set aus dem Career Set für Barbie von Mattel (Barbie®Soccer Coach Playset with Blonde Soccer Coach Doll, Student Doll and Accessories) sorgte für viel Spielspaß bei Kindern! *„When a girl plays with Barbie®, she imagines everything she can become, and if you love to play soccer, you can be a soccer coach!"* So lautet der Werbetext für ein Barbiepuppenspieleset, das Kinder, v. a. Mädchen, zum Fußballsport oder in weiterer Folge zur Trainerinnenausbildung anregen soll.

Diese Barbie hatte die erste Pro-Lizenz- Trainerin, Irene Fuhrmann, nicht in ihrem Kinderzimmer.

Irene Fuhrmann

Die erste österreichische Trainerin des Frauennationalteams

23. September 1980

„Irene Fuhrmann ist wie erhofft mit einem Sieg in ihre Amtszeit als Teamchefin des österreichischen Frauen-Fußballnationalteams gestartet." – So in der elektronischen Ausgabe der „Krone" vom 22. September 2020.

Bei dem Auswärtsspiel der EM-Qualifikation in Kasachstan, das leider nach Entscheidung vom kasachischen Fußballverband nicht übertragen werden konnte, ging die Frauenelf mit einem 5:0-Sieg vom Platz. Dabei stand das Spiel am Anfang unter keinem guten Stern. Julia Hickelsberger-Füller – beim 9:0 im Hinspiel im vergangenen November Vierfachtorschützin – schied verletzungsbedingt schon nach zwei Minuten aus.

Irene Fuhrmann, die studierte Sportwissenschaftlerin, bekleidet in Österreich das höchste Amt im Frauenfußball: Sie ist die erste Trainerin des weiblichen Nationalteams und die erste österreichische Frau mit dem UEFA-Pro-Trainerschein. Diese Lizenz berechtigt sie jede – auch eine männliche – Mannschaft weltweit zu trainieren. Von 2006 bis 2017 dauerte die kostenintensive Trainerausbildung. Auf jeder Stufe muss man Erfahrungen sammeln. Es geht nichts über eine ausreichende Erfahrung und eine gute Ausbildung, auf die Irene verweisen kann.

Mit 27. Juli 2020 übernahm sie dieses Amt von ÖFB-Teamchef Dominik Thalhammer, der als erster Leiter der ÖFB Frauen-Akademie das Frauennationalteam übernommen hatte, das 2011 auf der 40. Weltranglisten-Position lag. Die Endrundenteilnahme des ÖFB-Teams bei der UEFA Women's EURO 2017 in den Niederlanden mit dem Ergebnis 3. Platz war der größte Erfolg unter der Leitung Thalhammers. In der Ära Thalhammer erfolgten 92 offizielle Länderspiele mit 45 Siegen und 26 Niederlagen; 21 Begegnungen endete mit einem Remis. Gewinne ziehen Sponsoren an, das ermöglicht es der aktuellen Generation, als Profispielerinnen zu arbeiten.

In einem Käfig auf einem Betonplatz begann die „Ballkarriere" für Irene. „Kicken" war für sie der Ausgleich zur Schule, kicken mit den Brüdern der schönste Freizeitvertreib abseits jeglicher Vereinszugehörigkeit, wie sie in einem ÖFB-Talk über ihre Anfänge als Fußballerin zu berichten wusste. Nach der Schule in den Hof oder in den Park, drbbeln mit dem Ball, zwischen den Bäumen durch, da erkannte sie, dass Fußball ihre intrinsische Gabe ist.

Mit 19 Jahren, im Millenniumsjahr 2000, kam sie dann im Zuge ihres Studiums zum Vereinsfußball, zum USC Landhaus, der bereits um den Meisterti-

tel spielte. Mit einjähriger Unterbrechung 2002 beim Innsbrucker AC/FC Tiroler Loden. „Das war eine Sensation", erklärt Irene Fuhrmann in folgendem Interview. Nach einem Jahr kam sie familiär bedingt wieder nach Wien zurück, sattelte um auf Sportwissenschaften und „kippte voll in den Fußball hinein". Dem Verein USC Landhaus blieb sie bis 2008 treu, mit etlichen Erfolgen, wie die Teilnahme am UEFA Women's Cup. Können, Präsenz auf dem Feld und Teamgeist ermöglichten ihr anschließend den Sprung ins Nationalteam.

Zum damaligen Zeitpunkt war Frauenfußball in den Medien nur eine Randnotiz wert. Irene Fuhrmann spielte vier bis fünf Spiele pro Jahr, hatte 22 Einsätze bei 25 Einberufungen und erzielte drei Tore. Das alles klingt nicht viel, war aber der Situation des Frauenfußballs geschuldet. Die Spielerinnen betrieben den Sport nicht hauptberuflich. Sie konnten davon nicht leben. So übte Irene Fuhrmann vier Berufe gleichzeitig aus, denn nur beim Innsbrucker Club verdiente sie sich ein Taschengeld dazu, sonst spielte sie „aus Leidenschaft". Erst mit der Gründung des „Nationalen Zentrums für Frauenfußball" 2011 – heute umbenannt in „ÖFB Frauen-Akademie" – und der damit einhergehenden Professionalisierung gewann der Sport an Bedeutung.

Die in Penzing aufgewachsene Irene Fuhrmann – der Vater war Zahnarzt und verließ die Familie, als Irene zwölf Jahre alt war – erfuhr schon früh, was es heißt, finanziell abhängig zu sein. Denn ihre Mutter, eine ausgebildete Kindergartenpädagogin, gab zu Gunsten der Familie ihren Beruf auf, um ihre fünf Kindern allein großzuziehen. Finanzielle Unabhängigkeit – „Ich möchte nie abhängig sein." – war eine der Triebfedern von Irene, die neben ihrem Studium des Lehramts Sport und Biologie Sportunterricht an der USI erteilte. Die Arbeit mit Menschen war Irenes Triebfeder, die Trainerausbildung zu machen und als Individualtrainerin in der Frauenakademie zu arbeiten. Trainerinnen gab es, wie sie auch im Interview bestätigt, aber nicht mit dieser qualitativen Ausbildung. Sie hört es nicht gerne, aber sie ist als erste Pro-Lizenz-Trainerin Österreichs das Role Model für Trainerinnen. Die Wortwahl überlegt, die Emotionen unter Kontrolle, so wie im Interview mit Kevin Bell, Media Officer, Mädchen- und Frauenfußball. „Gibt es auch die emotionale und laute Irene Fuhrmann während eines Matches?", fragt der Reporter. „Ja, beides wird möglich sein, das ergibt die Situation."

Die Sehnsucht nach dem „Kicken", die blieb erhalten. Leider fehlen Irene Fuhrmann, seit 2019 glücklich mit einer Tirolerin verheiratet, die Möglichkeiten, der Leidenschaft hobbymäßig noch nachzugehen. Die Trainerin setzt auf Sportarten, die sie allein ausüben kann, wie Laufen.

Das persönliche Interview

Sie waren in Ihrem Bereich „die Erste" – war dieser (Karriere-)Weg geplant oder hat sich Ihre Laufbahn situationsbezogen entwickelt?

Es war so nicht geplant. Ich habe auch den Trainerjob nicht als Hauptberuf gesehen. Es war mir klar, dass ich etwas mit Menschen und Sport machen möchte. Ich habe mich dann entschlossen, Lehramt zu studieren, die Fächer Sport und Biologie. Im zweiten Semester habe ich das Wahlfach Frauenfußball besucht. Darüber bin ich dann auf den Verein gestoßen. Das war im Jahr 2000. Mir war gar nicht bewusst, dass es eine österreichische Frauenbundesliga gibt. Ich habe neben meinem Studium auch am USI, dem Universitätssportinstitut, unterrichtet. Ich war immer gut in dem, was ich gemacht habe. Dadurch habe ich Akzeptanz erfahren.

Aber nicht nur im Spiel mit anderen, auch allein. Schon in der Volksschule bei den Schulausflügen, wenn Väter dabei waren, waren viele über mein fußballerisches Können verwundert.

Gab es Vorbilder und/oder Mentorinnen/Mentoren für Ihren Berufswunsch? Wenn ja, welche?

Im Verein hatte ich eine oder mitunter auch mehrere Trainerinnen, im weiteren Verlauf meiner aktiven Karriere dann auch Trainer. Die machten das alle nicht hauptberuflich, sondern nebenbei. Die Trainerinnen, die es gab, hatten aber nicht diese hohe Qualifikation. Auch die männlichen Trainer im Frauenfußballbereich hatten oft nicht die höchste Qualifikation. Ich habe dann relativ schnell begonnen, in diese Trainerausbildung einzusteigen, weil ich gesehen habe, dass ich neben dem Studium selbst Gruppen betreuen und damit Geld verdienen kann. Ich habe Kinderkurse angeboten, also am Nachmittag. Am USI habe ich auch Kurse angeboten. So habe ich mir mein Studium finanziert.

Wie ich in den Neunzigern dann richtig zu spielen begonnen habe, waren die Amerikanerinnen im Fußball Weltmeister. Mia Hamm hat mich damals begeistert.

Wie wurde innerhalb Ihrer Familie (Eltern, Geschwister) auf Ihre Leidenschaft reagiert? Gab es hier geschlechtsbezogene Vorbehalte?

Meine Mutter hat sich zwar nach zwei Söhnen unbedingt eine Tochter gewünscht, aber sie hat mich nicht geschlechtsbezogen erzogen. Sie hat mich in allem unterstützt und mir immer vermittelt: Mache das, was du gerne machst! Mein um fünf Jahre älterer Bruder hat mich immer zum Fußball mitgenommen. Wir haben gemeinsam mit seinen Freunden gekickt.

Sie sind in einer Zeit aufgewachsen, in der die Emanzipationsbestrebungen der Frauen schon fortgeschritten waren. Sind Sie trotzdem noch mit weiblichen Zuschreibungen aufgewachsen?

In der Familie überhaupt nicht. Ich war in einem Gymnasium in der Diefenbachgasse, da hatte ich einen älteren, immer gut gekleideten Lehrer, der immer sehr komisch zu mir war. Da habe ich bei ihm den ersten Chemietest gleich am Anfang mit der vollen Punktezahl geschrieben. Und plötzlich war er mir gegenüber ganz anders. Da gibt es ein Mädchen, das den proletenhaften Sport ausübt, aber intelligent ist.

Für wie wichtig halten Sie Netzwerke auf dem Karriereweg?
Bei mir waren es Unterstützer. So mein damaliger Teamchef Ernst Weber. Ich habe mich 2008 beruflich neu orientiert und eine Zusatzausbildung für ein gesundheitsorientiertes Krafttraining begonnen. War auch zugleich in der dritten Ausbildungsstufe zur Trainerlizenz (UEFA-B-Lizenz). Er hat mir dann vorgeschlagen bei ihm Assistenztrainerin für die U19 zu werden. Das war der erste Schritt in das System. Mich haben immer Männer gefördert, da es keine Frauen in Führungspositionen gegeben hat.

Männerbünde funktionieren wunderbar. Das zeigt uns immer wieder die Geschichte. Wie sieht es hier mit weiblichen Netzwerken aus, gibt es mehr Konkurrenz als Kongruenz?
Das entspricht nicht den Werten des Frauenfußballs, dass es hier Konkurrenz unter den Spielerinnen gibt. Das Team hält zusammen. Der Frauenfußball ist auch extrem jung. Ich werde akzeptiert, da ich ja auch schon Assistenztrainerin war. Ich muss nicht mit allen „gut Freund" sein. Es geht darum, dass die Mannschaft an einem Strang zieht.

Wie bereits in der vorherigen Antwort erwähnt, waren Zeit meiner Karriere die Förderer stets männlich, da es im Fußball keine Frauen in Führungspositionen gab.

Mittlerweile ist vor allem der internationale Frauenfußball gewachsen und es gibt große Netzwerke. Deshalb gibt es auch mehr und mehr weibliche Vorbilder. Auch meine Bestellung kann ein Signal für Frauen sein und viele Trainerinnen darin bestärken, weitere Schritte zu wagen. Generell glaube ich, dass sich Frauen gegenseitig eher ermutigen anstatt miteinander zu konkurrieren.

Wie haben Sie es geschafft, Karriere und Privatleben/Familie zu vereinen oder haben Sie sich bewusst gegen eine Familie entschieden? Diese typische Frage stellt man nur Frauen. Warum wird sie immer noch Frauen gestellt?

Ich bin seit 2003 mit meiner Partnerin zusammen, 2019 haben wir geheiratet. Sie selbst war Spielerin und Trainerin. So verschmilzt das Berufliche mit dem Privaten, denn für meine Spielerinnen bin ich rund um die Uhr erreichbar.

Ihre Bestellung zur Trainerin des Frauennationalteams hat medial eine hohe Resonanz erzielt. Haben Sie für sich eine PR-Strategie entwickelt, wie Sie diese aufrechterhalten können?

Der Frauenfußball bringt einem Verband, dass Menschen, die bisher noch nichts mit Fußball zu tun hatten, mit dem Sport in Berührung kommen.

Wir präsentieren die Gesichter/Typen der Spielerinnen und die Werte des Teams. Dadurch, dass ich die Erste auf diesem Gebiet bin, ist das Interesse der Medien nachhaltig groß. Demut, Offenheit, Bodenständigkeit, das sind die Werte, die wir mit dem Fußball transportieren.

Hat man früher Mädchen nach ihren Vorbildern gefragt, sind Namen der männlichen Stars gefallen. Seit der Euro 2017 fallen jetzt auch Namen von weiblichen Teamspielerinnen, die seither einer breiteren Masse bekannt sind. Sie sind, vergleichbar dem Männerfußball, äußerlich Vorbilder, etwa das Styling der Frisur. Wir halten die Spielerinnen auch in den Medien präsent.

Das Engagement des ORF ist sehr groß, er überträgt auch Bundesligaspiele der Frauen. Das Interesse der Medien war sogar während des Lockdowns in der Coronakrise und bei der zwischenzeitlichen Aufnahme des Spielbetriebs uneingeschränkt groß.

Wir haben in Österreich ca. 15.000 aktive Fußballspielerinnen gezählt, ab dem Alter von fünf Jahren. Da ist noch Luft nach oben. Wir begleiten das Nationalteam bei den Spielen mit einem eigenen Kamerateam, um auch Videomaterial für unseren ÖFB-TV-Kanal zu produzieren. Das Interesse der Fans daran ist sehr groß.

Sie sind als erste Trainerin Österreichs mit einem UEFA-Pro-Trainerschein das Role Model für eine weibliche Trainerausbildung. Warum wollten Sie Trainerin werden?

Das hat sich aus meinem Werdegang, wie ich vorhin schon erwähnt habe, ergeben. 2011 ist dann vom ÖFB die Frauen Akademie in St. Pölten gegründet worden (vormals Nationales Zentrum für Frauenfußball). Da war der Plan, dass ich dort mitarbeite, aber Teilzeit. Dann ist Ernst Weber, Förderer der ersten Stunde des Frauenfußballs, verstorben, im April 2011. In weiterer Folge ist Willi Ruttensteiner in der Funktion als Sportdirektor an mich herangetreten, ob ich nicht Vollzeittrainerin in der Akademie werden möchte und Teamchefin des U-19-Teams. Das war ich bis 2017. Dann wurde ich zusätzlich Assistenztrainerin bei Dominik Thalhammer, der hat mich schon seit 2011 aus der täglichen Zusammenarbeit in der Akademie gekannt.

Gibt es in Ihrer Fußballkarriere Ereignisse/Vorkommnisse, die Sie als Fußballerin geprägt haben?

Die Einberufung ins Nationalteam, als Spätberufene. Es war jedes Mal eine Ehre das Trikot für Österreich zu tragen. 2001 beim 1:2 gegen Schottland war ich das erste Mal auf dem Platz. Da durfte ich mit Pionierinnen des österreichischen Frauenfußballs auf dem Platz stehen, das war für mich ein unglaubliches Erlebnis. Das waren Legenden, die auch im Ausland Fuß gefasst hatten. Meine Einsätze im UEFA Women's Cup, dem Vorläufer der heutigen Champions League, waren auch immer etwas ganz Besonderes. Insgesamt hat mich das verbindende Element des Fußballs sehr geprägt. Als Trainerin haben mich vor allem Ernst Weber und Dominik Thalhammer beeinflusst.

Was soll sich im österreichischen Frauenfußball verändern? Und international?

Wir, das Nationalteam sind top aufgestellt, gleich wie das Männerteam, was den Staff und die Professionalität betrifft. Da gilt es weiterhin Erfolge, zu feiern.
Große Vereine wie SK Rapid, Red Bull Salzburg oder der LASK sollten den Mehrwert eines Frauenteams erkennen. Das wäre wichtig. Die Frauen-Bundesliga-Clubs sind infrastrukturell und personell nicht professionell genug aufgestellt. Das sollte sich ändern. Rapid hat erst vor Kurzem im Rahmen des UEFA-Playmakers-Projekts erstmals ein Training für Mädchen abgehalten.

Wir wollen die Breite stärken und Fußball für Mädchen interessant machen. Stichwort UEFA Playmakers. UEFA und Disney haben dieses Projekt auf die Beine gestellt und der ÖFB hat Karin Gruber, auch eine ehemalige Fußballerin, als Projektkoordinatorin dafür eingesetzt. Fußball kommt so in die Kinderzimmer und die Mädchen oder Eltern erkennen, das ist auch ein Sport für Mädchen. Wir wollen also den Sport österreichweit, aber auch europaweit für Mädchen ab fünf Jahren interessant machen und so Zugänge schaffen.

Schon seit Menschen-
gedenken gibt es
den Traum, sich in
die Lüfte zu erheben,
sich quasi schwerelos
„über den Dingen“ zu
bewegen.

Luftfahrt

Die Schwestern des Ikarus

Die Geschichte der Luftfahrt ist zugleich eine Technikgeschichte, die zunächst nur von Männern geschrieben wurde. Doch diese ohne den Beitrag jener Frauen darzulegen, die in der Entwicklung, Erforschung und Anwendung von Technik aktiv waren, wäre eine historische Unterlassung. Es gilt, die immer noch bestehenden Machtstrukturen der Geschlechterverhältnisse zu hinterfragen und mittels der Frauenporträts die tradierten Rollenbilder aufzulösen.

Schon Leonardo da Vinci konstruierte im 15. Jahrhundert Fluggeräte und Helikopter, die laut Expertenmeinung nicht flugfähig waren. Im Verlauf der Jahre gab es immer wieder Versuche, sich mit Flügeln, nach dem mythischen Vorbild von Daedalus und seinem Sohn Ikarus, in die Lüfte zu erheben. Mit der Erfindung des Heißluftballons durch die Gebrüder Montgolfier 1783 konnte die Welt aus der Vogelperspektive betrachtet werden. 1784 fuhr erstmals die Französin Élisabeth Thible mit einem „Freiballon" namens „La Gustave", ein Ereignis, dem auch Gustav III. von Schweden beiwohnte und es somit „adelte". 1798 fand der erste selbst gesteuerte Ballonaufstieg der Französin Jeanne-Geneviève Labrosse statt. Ein Jahr später fand eine kleine Sensation statt: Die „Berufsluftschifferin"

Labrosse führte den ersten Absprung aus dem Ballon mit einem Fallschirm durch. Ende des 19. Jahrhunderts war das Ballonfahren so sehr verbreitet, dass diese Art der Fortbewegung keine Sensation mehr darstellte. In den neu gegründeten Vereinen befanden sich – in geringer Anzahl – auch Frauen. In Frankreich konnten Frauen erst ab 1906 Mitglieder im Aéronautique Club de France werden und in den USA gab es für Männer sehr ausführlich formulierte Bedingungen, wie das Unterlassen von Rauchen oder den Konsum von berauschenden Getränken, damit sich Frauen an den Ballonclubs beteiligten.

Der Fortschritt der technischen Entwicklung in Richtung zur motorisierten Luftfahrt ging über die Gleitflugzeuge. Der Konstrukteur Otto Lilienthal entwickelte einen Gleiter, seinen „Normalsegelapparat", mit dem er Ende des 19. Jahrhunderts viele erfolgreiche Flüge absolvierte. Die Erkenntnisse für die Wissenschaft waren enorm, konnte doch durch diese Versuche bewiesen werden, dass ein Fluggerät, obwohl es prinzipiell schwerer als Luft ist, trotzdem fliegen kann. Mittels vieler Versuche wurde die aerodynamische Form der Flügel und des Rumpfes entwickelt.

Zur Motorisierung der Segelflieger wurde mit Dampfantrieben und Verbrennungsmotoren experimentiert und wie so oft in der Entwicklungsgeschichte ergaben sich mehrere neue Fluggeräte: Ferdinand Graf von Zeppelin baute ein motorisiertes Starrluftschiff, welches am 2. Juli 1900 als der erste „Zeppelin" seinen Jungfernflug startete. Schon neun Jahre später fand die Gründung der DELAG, der ersten Fluglinie der Welt, statt. So konnten schon zu Beginn des 20. Jahrhunderts Passagiere mit Starrluftschiffen befördert werden.

Ein weiterer Entwicklungsstrang brachte die ersten Motorflugzeuge hervor. Die Amerikaner Orville und Wilbur Wright bauten einen Doppeldecker mit Propellerantrieb und Lenkung und führten am 17. Dezember 1903 den ersten erfolgreichen Motorflug durch. Das Fundament für den heutigen Luftverkehr war gelegt.

Mit Aufkommen der motorisierten Luftfahrt blieb den Frauen bis zum Ersten Weltkrieg nur ein schmales Zeitfenster, um sich in diesem Feld zu etablieren. Wurden sie zuerst als schmückendes Beiwerk zur Vermarktung des Aeroplans

eingesetzt, wuchs bald das Interesse, die fliegende Maschine selbst zu steuern. Ob Berufsluftschifferin, Fallschirmspringerin oder Pilotin, es einte und eint sie der Drang zur unbegrenzten Freiheit gestern und heute.

Wer waren diese Frauen? Sie selbst sahen sich nicht als Vorreiterinnen für das eigene Geschlecht im Sinne einer emanzipatorischen politischen Bewegung. Es ging ihnen nicht in erster Linie um eine Berufsausbildung, sondern um das Fliegen selbst und somit um ihre Selbstbestimmtheit. Natürlich war es ein Kampf der Geschlechter, eher aus der Sicht der Männer, die sich durch die aktive Beteiligung von Frauen an der Luftfahrt einer weiteren männlichen Bastion beraubt fühlten.

Fliegen war eine Domäne des Adels, der reichen Bürger. Um fliegen zu können, bedurfte es Geld, das hatten Männer. Trotz einer aktiven Frauenbewegung im 19. und 20. Jahrhundert hatten Männer die Vorherrschaft über die Gattin, ja über die Frauen. Trotz aller Hindernisse haben es Frauen aber immer wieder geschafft, ihren Traum von der Freiheit zu verwirklichen; einige seien hier vor den Vorhang geholt.

Lilly Helene Steinschneider-Wenckheim

Die erste Pilotin Österreichs

13. Jänner 1891 bis
28. März 1975

Die am 13. Jänner 1891 in Budapest als Tochter eines jüdischen Möbel- und Bettwäschefabrikanten geborene Lilly Steinschneider entdeckte schon in jungen Jahren ihre Begeisterung für die Luftfahrt. Sie beobachtete im Alter von zwanzig Jahren in ihrer Heimatstadt einen internationalen Flugwettbewerb. Fasziniert von den dort gezeigten Flugkünsten, ließ sie der Wunsch nicht los, auch Fliegerin zu werden. In Wiener Neustadt, zur damaligen Zeit das Mekka der Aviatiker, lag der erste Flughafen der österreichisch-ungarischen Monarchie. Alles, was Rang und Namen hatte, von bekannten Flugzeugkonstrukteuren bis hin zu Piloten, war hier vereint. 1911 verfügte der Flughafen Wiener Neustadt über einige Flugzeuge des Typs Etrich-Taube, um eine Pilotenausbildung zu ermöglichen.

Bevor Lilly Steinschneider ihr Pilotenpatent erwarb, war sie u.a. beim Wiener Flugmeeting auf dem Flugfeld in Aspern 1912 Passagierin bekannter Piloten. Frauen waren nicht nur als optische Bereicherung beliebt, sie waren auch leichterer „Ballast" als Männer. Damals war es üblich, dass in vielen Disziplinen mit „Passagier" geflogen wurde, so etwa bei Distanz- und Höhenflügen. Mit Joseph Sablatnig, der als erster Nachtflieger berühmt geworden war, gewann Lilly Steinschneider einen Distanzflugwettbewerb über 168 Kilometer, mit Hans Vollmöller stieg sie zu einem Dauerflug auf, mit Oberleutnant Heinrich Bier stellte sie den Weltstreckenrekord über 250 Kilometer auf. Am 23. Jänner 1912 oder 15. August 1912 – hier gibt es unterschiedliche Quellenangaben – erhielt sie ihr Pilotendiplom Nr. 4 und war damit die erste hier ausgebildete und geprüfte Flugpilotin in Österreich. Ihre Ausbildung absolvierte sie in Wiener Neustadt bei Karl Illner auf einer Etrich-Taube, dem vom österreichischen Flugpionier Igo Etrich entwickelten Flugzeug, welches heute in der Kuppelhalle des Technischen Museums Wien zu sehen ist.

International legten in dieser Zeit einige Frauen ihre Flugprüfung ab. Die Französin Élise Deroche ging 1910 als erste Pilotin überhaupt in die Fluggeschichte ein, Hilda Hewlett begründete 1910 die erste Flugschule in England und Melli Beese bestand als erste Deutsche am 13. September 1911 ihre Flugprüfung.

Mit dem Pilotenschein war es den Frauen erlaubt, an Flugwettbewerben teilzunehmen. Es war die Zeit der Rekorde: höher, schneller, weiter. Fast täglich wurden neue aufgestellt. Da die aktive Beteiligung von Frauen international zunahm, wurden besondere Preise vergeben, wie der „Femina Cup", gestiftet von dem Verleger Pierre Lafitte, oder der „Preis der Passagierin". Diesen gewann 1910 die Französin Jane Herveu auf dem von Leblanc gesteuerten Blériot-Eindecker mit einer Distanz von 105,6 Kilometern in einer Stunde und 23 Minuten. Wenige Monate später erwarb Herveu selbst den Pilotenschein und stellte einen neuen Weltrekord für Frauen auf. In zwei Stunden und 41 Minuten legte sie mit dem Blériot-Eindecker 248 Kilometer mit einer Durchschnittsgeschwindigkeit von 92,42 km/h zurück. War Herveu nun der Femina-Pokal sicher? Nein, denn Stunden später startete die Belgierin Hélène Dutrieu in einem Farman und legte in zwei Stunden und 58 Minuten die Distanz von 254,13 Kilometern zurück. So gewann die Konkurrentin 1910 und ein zweites Mal 1911 die begehrte Trophäe.

Nun stand jedenfalls auch für Lilly Steinschneider der Himmel offen. Sie nahm jede Herausforderung an, sich in Wettbewerben mit anderen Himmelstürmern zu messen. Frauen konnten zwar offiziell an internationalen Luftfahrtwettbewerben teilnehmen, doch drohten anfänglich Pilotenkollegen mit Boykott, wenn Frauen an den Start gingen.

Lilly Steinschneider nahm im Juni 1913 an der Zweiten Internationalen Flugwoche in Wien-Aspern gemeinsam mit Jeanne Pallier, die für Frankreich startete, teil.

Da Lilly Steinschneider zu internationalen Ehren in der Luftfahrt kam, bot ihr die Motor-Luftfahrt GmbH einen Posten als Pilotin an. Das Arbeitsverhältnis wurde – kriegsbedingt – 1914 seitens der Firma aufgelöst. Sich im Ersten Weltkrieg als Pilotin einsetzen zu lassen, blieb ihr – zu ihrer Enttäuschung – versagt, man bot ihr als Alternative eine Stelle als Krankenschwester an. Somit beendete der Krieg ihre Karriere als Pilotin. 1914 heiratete sie Johann Graf Coudenhove-Kalergi. 1939 emigrierte sie mit ihrer Tochter nach Italien und lebte nach dem Zweiten Weltkrieg in Frankreich.

Lilly Coudenhove-Kalergi verstarb am 28. März 1975 in Genf. Nach ihr ist die Lilly-Steinschneider-Gasse in Wiener Neustadt benannt.

Amelie Hedwig Boutard-Beese

Die erste Pilotin Deutschlands

13. September 1886 bis
21. Dezember 1925

Mellie Beese, wie sie genannt wurde, studierte in Schweden Bildhauerei, erlernte das Hochseesegeln und machte als erste Frau 1911 in Deutschland den Privatpilotenschein.

Um diesen zu erlangen, musste sie viele „männliche" Hürden überwinden, da viele Flugzeugwerke ihren Antrag zur Ausbildung ablehnten, bis sie dann bei Ad Astra in Johannistal unter wieder erschwerten Bedingungen ihre Fluglizenz erwarb. 1912 gründete sie mit ihrem französischen Teilhaber Charles Boutard, den sie ein Jahr später auch zum „Teilhaber" ihres Lebens machte, eine eigene Flugschule. Mellie Beese stellte viele Höhenrekorde auf, scheiterte aber nach dem Ersten Weltkrieg daran, ihre Pilotenlizenz zu erneuern, und nahm sich nach einem Flugzeugabsturz im Jahr 1925 das Leben. Ihr Leitsatz war: „Fliegen ist notwendig, leben nicht!".

Elly Maria Frida Rosemeyer-Beinhorn

Die erste Frau, die die Welt umflog

30. Mai 1907 bis
28. November 2007

Elly Beinhorn gab nach rund 5.000 Flugstunden im Alter von 72 Jahren ihren Pilotenschein zurück. Sie konnte auf ein bewegtes Leben zurückblicken, gelang ihr doch als erste Frau im Alleinflug eine Weltumrundung und der Rekordflug „Drei Kontinente in 24 Stunden".

Den Entschluss, Pilotin zu werden, fasste sie Anfang 1928 bei einem Vortrag des Atlantikfliegers Hermann Köhl. Ferne Länder, exotische Kulturen, große Abenteuer! Die 20-Jährige mit dem enormen Freiheitsdrang war Feuer und Flamme. „Als ich den gefüllten Saal betrat, ahnte ich nicht, dass ich ihn zwei Stunden später mit einem festen Ziel verlassen würde", schrieb Elly Beinhorn in ihren Memoiren mit dem Titel „Alleinflug". Zum Entsetzen ihrer Eltern, der Vater wollte ihre geistigen Fähigkeiten durch einen Nervenarzt überprüfen lassen, die Mutter war tagelang in Tränen aufgelöst. Trotz aller Widrigkeiten, denn nicht jeder Aero Club in Deutschland bildete Frauen aus, erwarb sie den Sportfliegerschein und verdingte sich als Kunst- und Reklamefliegerin. Handwerklich geschickt und technisch begabt, reparierte sie sogar ihre Flugzeuge selbst. 1936 heiratete sie den Rennfahrer Bernd Rosenmayer, mit dem sie einen Sohn bekam. Nach nur zweijähriger Ehe starb ihr Mann. Aus einer weiteren Ehe ging eine Tochter hervor. Melly Beinhorn stellte viele Flugrekorde auf, sie flog als Fotografin und Journalistin und nahm an internationalen Wettbewerben teil. Während des Zweiten Weltkriegs flog sie nicht für die Luftwaffe, sondern stellte nach der Geburt ihrer Tochter 1942 das Fliegen ein. Erst 1951 erneuerte sie ihren Pilotenschein und war bis 1979 fliegerisch aktiv.

Amelia Mary Earhart

Die modebewusste Flugpionierin als Role Model

24. Juli 1897 bis
2. Juli 1937

Die zu ihrer Zeit wohl berühmteste Amerikanerin wurde nach ihrem 20-Stunden-Flug über den Atlantik, den sie am 17. und 18. Juni 1928 als Passagierin, aber auch als erste Frau absolvierte, zur „Frau des Jahres" gekürt. Fortan fungierte sie bei den amerikanischen Mädchen und jungen Frauen als Role Model.

Amelia Earhart zeigte einen neuen, selbstbestimmten Weg, raus aus dem tradierten Rollenbild, welches Frauen in den 1930er Jahren technische Leistungen weder physisch noch psychisch zutraute. Sie stellte klar, dass an Frauen keine anderen Maßstäbe anzulegen seien als an Männer.

Angeregt durch die erste Atlantiküberquerung des Flugpioniers Charles Lindbergh, unternahm Amelia 1932 als erste Frau überhaupt die Bewältigung des Atlantiks im Alleinflug. Mit diesem Flug wurde sie zum ersten Menschen, der zweimal den Atlantik überflogen hatte, und erhielt eine Auszeichnung durch den amerikanischen Präsidenten Herbert C. Hoover verliehen.

In Artikeln, Vorträgen, mehreren Büchern, u. a. über diese Atlantiküberquerung, und als Vorsitzende und Gründerin der berühmten Fliegerinnenorganisation „Ninety Nines" (nach der Zahl der Gründungsmitglieder) trat „die Königin der Lüfte", wie sie genannt wurde, unermüdlich für ihre feministischen Ziele ein. Sie wollte den Frauen die Wichtigkeit von Bildung und Eigenständigkeit nahebringen und die tradierten Rollenbilder verändern.

In dem Verleger George P. Putnam fand Amelia Earhart einen kongenialen Partner, der die Finanzierung ihrer Rekordversuche und Projekte durch Werbemaßnahmen zu sichern wusste und auch den Start in die Modebranche unterstützte. Amelia kreierte den später berühmten Fliegeroverall und entwarf auch selbst ihre Kleidung. George Putnam benötigte mehrere Anläufe, bevor seine Fliegerin endlich seinem Heiratsantrag, im Jahr 1931, zustimmte.

In den folgenden Jahren stellte sie einen Rekord nach dem anderen auf. Kurz vor ihrem 40. Geburtstag wollte sie als erster Mensch die Erde am Äquator umrunden. Von Lae in Papua-Neuguinea startete sie, um das letzte Stück, den Pazifik, hinter sich zu bringen, und flog die Howlandinsel an, doch sie kam nie an.

Die aufwendige Suche nach Amelia Earhart mit 64 Flugzeugen und acht Kriegsschiffen musste erfolglos abgebrochen werden. Die Ikone der amerikanischen Frauen gilt seit dem 2. Juli 1937 als verschollen im Stillen Ozean.

Katharina Paulus

Die Luftschifferin und Erfinderin des Paketfallschirms

22. Dezember 1868 bis 26. Juli 1935

Katharina Paulus, bekannt als die Erfinderin des zusammenlegbaren Fallschirms, war die erste deutsche Berufsluftschifferin und Luftakrobatin. Aus ärmlichen Verhältnissen stammend, verspürte sie schon in jungen Jahren Freude an der Akrobatik und wollte Seiltanzen erlernen.

Als 23-Jährige lernte Käthe Paulus den Ballonfahrer Hermann Lattemann kennen und ließ sich von ihm in die Kunst des Ballonfahrens und des Fallschirmsprungs einführen. Am Beginn der Ausbildung stand zunächst die eigene Herstellung und Reparatur von Ballonen und Fallschirmen. Hier konnte sie ihren Beruf als Schneiderin gut umsetzen. Die Produktion von luftgetragenen Strukturen wie Fallschirme oder Ballone erfordert eine besondere Sorgfalt, da ja – sprichwörtlich – „das Leben am Fallschirm hängt".

Am 19. Juli 1893 führte sie ihre erste eigenständige Ballonfahrt durch. Wenig später wagte die Neoballonfahrerin auch ihren ersten Fallschirmsprung – bei strömendem Regen sprang sie über Wuppertal ab.

Käthe Paulus stieg 516-mal in einem Ballon auf und führte 147 Absprünge, die enormes Publikumsinteresse fanden, mit dem Fallschirm durch. Gekleidet in einen Matrosenanzug mit Pluderhosen und in schwarze Schnürstiefel, entsprach sie den Vorstellungen einer „Luftheldin" und wurde bald zur erfolgreichsten Luftakrobatin ihrer Zeit.

1914 unternahm die nun 46-Jährige ihre letzte Ballonfahrt. Bei Ausbruch des Ersten Weltkriegs übergab sie ihre Ballone und Fallschirme der Heeresverwaltung und konzentrierte sich auf die Weiterentwicklung der Fallschirme. Sie wurde zur Expertin Deutschlands und beriet Ballonaufklärer-Truppen.

Während des Krieges fertigte sie für das preußische Kriegsministerium die von ihr erfundenen Paketfallschirme an. „So habe ich bis Kriegsende etwa 7.000 Fallschirme geliefert. Welche Arbeit hierzu gehörte, geht daraus hervor, dass ich wöchentlich etwa 125 Fallschirme lieferte, je Woche etwa 20.000 Meter Stoff zuschneiden musste; denn diese Arbeit selbst auszuführen, ließ ich mir, angesichts ihrer Wichtigkeit, nicht nehmen."

Ihre Fallschirme retteten im April 1917 zwanzig Ballonaufklärern das Leben, als diese in der Schlacht um Verdun abgeschossen wurden. Katharina Paulus erhielt dafür das Verdienstkreuz für Kriegshilfe.

Bis zu ihrem Tod wurden ihre Pionierleistung und ihr Wissen von Fliegerinnen wie Elly Beinhorn und Hanna Reitsch sehr geschätzt.

Pilotinnen – ein Licht am Horizont?

Seit über hundert Jahren fahren, steuern und pilotieren Frauen Fluggeräte in luftigen Höhen. Wie sieht es heute mit dem Berufsstand Pilotin aus? Konnte hier die Gendergerechtigkeit durchgesetzt werden oder müssen Frauen immer noch „ihren Mann stehen"?

Stewardess zu sein, war ja schon seit den 1950er Jahren der Traumberuf vieler Mädchen. Aber Pilotin zu werden, war damals für Frauen in unseren Landen ein schwieriges Unterfangen.

Die eingangs beschriebenen Frauen wagten es, Hürden zu überwinden, und wurden somit zu Vorreiterinnen für die Pilotinnen des 21. Jahrhunderts. Die erste deutsche Linienpilotin, Marga von Etzdorf, brachte im Jahr 1927 für die Lufthansa vier Passagiere von Berlin nach Basel. Ebenfalls 1927 steuerten drei Frauen ein American-Airlines-Passagierflugzeug von Washington nach Dallas. Dies waren aber immer noch Ausnahmen.

Erst im Jahr 1988 begannen zwei Frauen ihren Liniendienst bei der Lufthansa als „Kapitänin". In den 1990er Jahren betrug der Anteil der Pilotinnen an der kommerziellen Luftfahrt drei Prozent. Heute sind Frauen als Pilotinnen durchaus vertreten, jedoch immer noch eine Seltenheit, da nur rund sechs bis sieben Prozent der Piloten in der Lufthansa Group weiblich sind. Die Lufthansa gibt jedoch an, dass der Anteil kontinuierlich steigt. Beim Kabinenpersonal sind rund achtzig Prozent der Mitarbeiter weiblich. Fluggesellschaften starten vermehrt Job- und Ausbildungsoffensiven, die sich gezielt an Frauen richten.

Ein Blick über die europäischen Grenzen hinaus zeigt, dass erstaunlicherweise in einigen arabischen Ländern, in denen ja Frauen teilweise noch kein Auto steuern dürfen, Airlines Frauen ihre Jets steuern lassen; wie z. B. die Royal Brunei Airlines, die einer komplett weiblichen Crew eine Boeing 787 Dreamliner überließen.

Wie kommt nun Frau zur Luftfahrt oder wird Pilotin?

Je nach angestrebtem Flugobjekt – sei es ein Flugzeug, ein Hubschrauber oder ein Ballon – variieren die Ausbildungswege etwas.

Ab einem Mindestalter von 16 Jahren kann man die Ausbildung zur Privatpilotin starten, allerdings wird der Flugschein erst mit dem 18. Geburtstag ausgehändigt. Die Ausbildung kann weltweit bei den offiziellen Airlines, bei privaten Flugschulen oder Vereinen oder auch beim Bundesheer durchgeführt werden. Die Pilotenausbildung ist in Europa standardisiert und wird über die „European Union Aviation Safety Agency" (EASA) geregelt. In Österreich werden die Regeln durch die Austro Control umgesetzt. Die Pilotenausbildung selbst gliedert sich in einen Theorie- und einen Praxisteil. Je nach Lizenz dauert die Ausbildung zwischen sechs Monaten und zwei Jahren. Der derzeit günstigste Weg, eine Pilotenlizenz für einen Motorflieger zu erlangen, ist die sogenannte Leichtflugzeuglizenz (LAPL). Die nächste Stufe ist die Privatpilotenlizenz (PPL) für Motorflugzeuge.

Die Austrian Airlines bilden jährlich Pilotinnen aus und der Bedarf wächst. Die Anforderungen an Pilotinnen und Piloten sind jedoch hoch und setzen neben einem Verständnis für Technik und einem hohen Maß an Flexibilität und Problemlösungskompetenz eine EU-Staatsbürgerschaft, die Matura oder Berufsreifeprüfung sowie gute Deutsch- und Englischkenntnisse voraus. Weiters müssen Flugschüler*innen einen medizinischen Tauglichkeitstest absolvieren und dürfen nicht kleiner als 165 Zentimeter sein. Ähnliche Bedingungen gelten auch für die Hubschrauber-Privatpilotenlizenz PPL(H). Für Ballonpilotinnen und -piloten sind die Anforderungen geringer als für Privat- oder Linienpilotinnen sowie -piloten. Die gesamte Ausbildungsdauer (Theorie und Praxis) beträgt mindestens ein Jahr – je nach Vorkenntnissen.

Beruf Pilotin – Wie stehen die Chancen für Frauen heute?

Früher hatten Frauen, die sich in die Lüfte erhoben oder ein Fluggerät selbst steuern wollten, aufgrund ihres Geschlechts mit Schwierigkeiten zu kämpfen. In den von der Autorin 2018 durchgeführten Interviews wurden heutige Pilotinnen nach ihrem Werdegang und eventuellen Hindernissen befragt. Exemplarische Auszüge dieser Interviews von Judith Kümmel und Claudia Harold-Blum sollen hier vorgestellt werden.

Claudia Harold-Blum

Tausende Stunden in der Luft

9. Dezember 1977

Die erfahrene und engagierte Pilotin hat über 7.000 Flugstunden absolviert. Ab 2007 flog sie als Kapitänin bei Fly Niki und seit 2018 ist sie bei Lauda Motion als Kapitänin angestellt.

Sie absolvierte ihren PPL und auch den kommerziellen Pilotenschein in Südafrika, da dieser dort viel günstiger als in Österreich war, und, wie sie sagt, „die österreichischen Banken damals nicht sehr viel Vertrauen in ein junges Mädchen gesteckt haben, um eine Ausbildung zu finanzieren". Heute arbeitet sie neben ihrer Pilotinnentätigkeit, die sie immer noch mit viel Freude ausübt, auch als Flugtrainerin und Mentalcoach.

Die Mutter von zwei kleinen Kindern meint, dass die Vereinbarkeit von Beruf und Familie nicht immer einfach ist. Sie beschreibt es als Glück, dass ihr Mann auch Pilot ist und so Verständnis für die komplizierten Arbeitszeiten hat.

Auf die Frage nach der Benachteiligung als Frau antwortet sie, dass sie beim Start ihrer Berufslaufbahn sehr wohl mit Mobbing und Diskriminierung durch einzelne Kollegen konfrontiert war. In dieser Situation musste sie zwar viel aushalten, konnte dadurch aber auch an Stärke gewinnen und sich den Respekt der Kollegen sichern.

Bei einem Bewerbungsprozess im Jahr 2003 bei einer sehr bekannten Firma in Österreich hat sie die angestrebte Stelle nicht erhalten, da die geforderte „Frauenquote" bereits erfüllt war ...

Claudia Harold-Blum sieht die Aufstiegschancen für Pilotinnen und auch die Geschlechtergerechtigkeit als sehr gut an und meint, dass es mittlerweile ein tolerantes Miteinander gäbe. Ihr Wunsch ist es, dass es in ein paar Jahren das Wort „Männerberuf" nicht mehr gibt und alle Berufe als selbstverständlich für beide Geschlechter angesehen werden.

Hauptmann Eva Berginc

Einsatzpilotin in männlicher Domäne

18. März 1984

Sie ist eine „Ausnahmeerscheinung" – als Einsatzpilotin beim österreichischen Bundesheer. Seit 1998 können Frauen die Pilotinnenausbildung beim Bundesheer machen.

2016 gab es beim Bundesheer knapp 14.200 Soldaten, aber nur 405 Soldatinnen – davon sind ein Prozent Pilotinnen. Einsatzpilot oder -pilotin müssen zunächst anspruchsvolle psychologische und physiologische Tests sowie eine fliegerische Selektion bewältigen, um beim Heer durchstarten zu können.

Eva Berginc ist eine der wenigen Hubschrauberpilotinnen. Sie rückte 2003 nach der Matura zum Bundesheer ein und absolvierte das Einjährig-Freiwilligen-Jahr, anschließend die Ausbildung zur Pilotin. Sie meint, dass sie sich ohne das Heer ihren Traum vom Fliegen nie hätte erfüllen können. Zurzeit gibt es vier Pilotinnen beim Heer – ebenfalls im Rang eines Hauptmanns ergänzt die Oberösterreicherin Christiane Stranzinger die weibliche „Power-Staffel". Die Zusammenarbeit mit den männlichen Kollegen beschreiben die Pilotinnen als komplikationslos.

Isabel Doppelreiter

Die weltweit erste Präsidentin einer Pilotenvereinigung

30. September 1981

Isabel Doppelreiter ist seit November 2016 die Präsidentin der „Austrian Cockpit Association" und somit weltweit die erste Frau an der Spitze einer Pilotenvereinigung.

Ihre Karriere begann sie als Flugbegleiterin bei Lauda Air. 2005 startete sie ihre Pilotenausbildung in Ottawa, Kanada, die sie im Dezember 2007 erfolgreich abschloss. Die Ausbildung finanzierte sie sich selbst, indem sie im Customer Service am Flughafen Ottawa arbeitete.

Wieder in Österreich, arbeitet Isabel Doppelreiter seit 2008 als Pilotin bei den Austrian Airlines und ist zusätzlich Trainerin für CRM (Crew Resource Management).

Stellvertretend für andere Pilotinnen soll an dieser Stelle ein Interview mit Kapitänin Isabel Doppelreiter Einblick in die Herausforderungen der Berufslaufbahn einer Pilotin geben.

Sie sind nicht nur eine der wenigen Berufspilotinnen in Österreich, sondern auch seit November 2016 die Präsidentin der österreichischen Pilotenvereinigung ACA (Austrian Cockpit Association) und somit weltweit die erste Frau an der Spitze einer Pilotenvereinigung. Wie kam es dazu? War dieser (Karriere-)Weg geplant oder hat sich Ihre Laufbahn situationsbezogen entwickelt? Hatten Sie jemals „geplant", in Ihrem Fachgebiet „die Erste" zu werden?

Ich hatte ja nicht einmal vor, Pilotin zu werden. Auf Wunsch meiner Eltern habe ich mir nach meiner Matura gleich einen Job gesucht, um mir in Ruhe zu überlegen, was ich einmal studieren möchte. Bei Lauda Air wurden gerade Flugbegleiterinnen und Flugbegleiter aufgenommen und das erschien mir der perfekte Übergangsjob zu sein. Dieser „Übergangsjob" hat dann gleich einmal fast fünf Jahre gedauert und nachdem ich 2003 zum ersten Mal mit einer Pilotin geflogen bin (die ebenfalls ursprünglich als Flugbegleiterin begonnen hatte), war mir relativ schnell klar, dass auch ich ein Flugzeug steuern möchte.

In vielen Bereichen meines Lebens hat soziales Engagement einen sehr hohen Stellenwert. Bald wusste ich, dass ich auch in meinem Beruf, der sehr technisch und rational ist, etwas für die Gemeinschaft machen möchte. Nach einiger Zeit als ehrenamtliche Mitarbeiterin bei ACA im Bereich Human Performance wurde ich 2016 einstimmig zur Präsidentin gewählt, als erste Frau an der Spitze einer Pilotenvereinigung weltweit.

Es freut mich, in dieser Funktion als weibliches Vorbild zu dienen und den Beruf der Pilotin in die Öffentlichkeit zu tragen. Frauen orientieren sich an Frauen. So wie mich „meine" Pilotin im Jahr 2003 inspiriert hat, will ich ebenfalls andere Frauen darin bestärken, dass alles möglich ist.

Was war für Sie die größte Herausforderung in Ihrer Laufbahn?
Ich komme aus einer vom Motorsport geprägten Familie. Weder meine Mutter noch mein Vater oder Bruder, die männlichen Vorbilder in meinem Leben, haben meine Ideen und Wünsche jemals in Frage gestellt, sondern haben mich immer aktiv in meinem Bestreben bestärkt.

Es war mein damaliger Partner, der meine Karrierewünsche nicht unterstützt hat. Kurz nach meiner Scheidung kam es zur Beförderung zur Kapitänin. Rückblickend war diese Zeit eine sehr fordernde und hat mich in vielerlei Hinsicht geprägt.

Für wie wichtig halten Sie Netzwerke auf dem Karriereweg? Männerbünde funktionieren wunderbar. Das zeigt uns immer wieder die Geschichte. Wie sieht es hier mit weiblichen Netzwerken aus, gibt es mehr Konkurrenz als Kongruenz?
Schon bei meinem ersten offiziellen Auftritt als aktives ACA-Mitglied kam es zum konstruktiven und interessanten Austausch unter den weiblichen Teilneh-

mern bei Meetings und Konferenzen. Schon damals wurde mir klar, dass wir stärker zusammenarbeiten müssen, das Know-how und die Bereitschaft waren da. Als ich dann Präsidentin wurde, war es mir ein persönliches Anliegen, das langsam wachsende Netzwerk zu stärken. Gemeinsam mit Kolleginnen der VC, der „Vereinigung Cockpit Deutschland", und der SEPLA, unseres spanischen Schwesternverbands, haben wir es geschafft, im März 2019 die Female Pilot Working Group innerhalb der IFALPA, der „International Federation of Air Line Pilots' Associations", zu etablieren. Heute zählen über 130 Mitglieder aus über zwanzig Nationen zu dieser Arbeitsgruppe, sie ist somit die größte innerhalb des internationalen Dachverbandes.

Auf Grund Ihrer Position verfügten Sie über viel „Macht". Wie gehen Sie damit um? Gibt es Ihrer Meinung nach und auch auf Grund Ihrer langjährigen Berufserfahrung geschlechtsspezifische Unterschiede im Umgang mit Macht?

Ich habe keine „Macht". Ich habe Interesse daran, die Zukunft der Luftfahrt in Österreich, in Europa und weltweit mitzugestalten. Es hat für mich den unumstrittenen Wert, die Sicherheit der Luftfahrt zu verbessern und einen fairen Arbeitsmarkt zu unterstützen.

Wenn Sie meine „Macht" als Kapitänin meinen, dann kann ich nur sagen, dass „Macht" mit großer Verantwortung einhergeht. Handhaben dies Männer und Frauen unterschiedlich? Ich denke, Menschen handhaben dies unterschiedlich. Hier steht nicht das Geschlecht im Vordergrund, sondern der Charakter mit all seinen Erfahrungen und Werten.

Wie konnten Sie sich auf Ihrem Karriereweg gegen die männliche „Übermacht" behaupten?

Die Luftfahrt ist eine der seltenen Domänen, in denen das Senioritätsprinzip bei fast allen Unternehmen an erster Stelle steht. Hier zählen gesammelte Flugstunden, Erfahrung, Firmenzugehörigkeit und nicht das Geschlecht. Natürlich sind Frauen in der Luftfahrt noch immer die bunten Hunde. Meist kennt jeder im Unternehmen deinen Namen, denn so viele Mädels gibt es halt einfach nicht. Noch nicht. Ist das manchmal schwierig? Ja, ist es. Schönreden braucht man (Frau) sich das nicht.

Als ich 2008 als Pilotin begonnen habe, waren wir 17 Frauen und ca. 500 Männer. Heute zählen wir 53 Pilotinnen und ca. 1.047 Piloten. Die Zeiten verändern sich, immer mehr junge Frauen wehren sich gegen die berühmte gläserne Decke. Nicht nur meine Branche hat hier in den letzten Jahren einen Aufschwung erfahren, das ist gut und wichtig.

Wie haben Sie es geschafft, Karriere und Privatleben zu vereinen, oder haben Sie sich bewusst gegen eine Familie entschieden? Diese typische Frage stellt man nur Frauen. Warum wird sie immer noch Frauen gestellt?

Solange wir Frauen es sind, die Kinder gebären, wird man uns diese Frage wohl noch länger stellen.

Viele meiner Kolleginnen beweisen tagtäglich, dass Mutterschaft und Karriere sehr wohl vereinbar sind. Ich denke, wir brauchen nicht zu diskutieren, dass dieser Weg von mehr Verzicht geprägt ist als der eines Vaters. Ich verneige mich vor jeder Einzelnen, die heute die Generation von morgen erzieht und damit aufzeigt, dass wir eine Welt gestalten können, in der das Geschlecht keine Rolle spielt.

Sich für oder gegen eigene Kinder zu entscheiden (so dies überhaupt immer möglich ist), kann mannigfaltige Gründe haben und ist nur bedingt von der Karriere abhängig. Solch eine Entscheidung darf und soll uns als Frauen nicht definieren.

Vom Himmel ins All – Frauen erobern auch den Weltraum

Schon immer übten die Himmelskörper eine starke Anziehung auf die Menschheit aus. Ihre Strahlkraft erweckte Visionen, wie z. B. beim französischen Schriftsteller Jules Verne, der schon 1870 seinen Roman „Autour de la Lune" veröffentlichte. Die „Reise um den Mond" sollte knapp 100 Jahre später Realität werden.

Der Start des sowjetischen Satelliten „Sputnik 1" wird als der Beginn der praktischen Raumfahrt beschrieben. Mit dem Kosmonauten Juri Gagarin befand sich 1961 der erste Mensch im All und die Krönung aller Anstrengungen war die am 21. Juli 1969 stattgefundene Mondlandung mit der amerikanischen Apollo 11. Der technische Fortschritt ermöglichte in Folge bemannte Raumstationen oder wiederverwendbare Raumflugkörper, wie die Raumfähre Space Shuttle.

Walentina Tereschkowa

Die erste Frau im All

6. März 1937

Mit der sowjetischen Kosmonautin Walentina Wladimirowna Tereschkowa wurde die männliche Vormacht im All gebrochen. Sie startete am 16. Juni 1963 als erste Frau einen Raumflug – allein, ohne männliche Kollegen an Bord des Raumschiffs „Wostok 6".

Dieser Triumph war Anlass für große Feiern – die 26-jährige Textilarbeiterin wurde zum Star der Sowjetraumfahrt – zumindest vor den Kulissen …

Die Medien präsentierten eine faszinierende, wissenschaftliche Forschungen durchführende Kosmonautin während der dreitägigen technisch perfekten Orbit-Runden.

Erst viele Jahre später durfte die Öffentlichkeit die wahren Begebenheiten des Fluges erfahren: Eine „raumkranke" Alleinreisende, die Probleme mit der Schwerelosigkeit und somit mit der Erledigung ihrer Tätigkeiten hatte, die unter Schwindel und Übelkeit litt. Der teilweise abgerissene Funkkontakt erfreute die Fachleute im Kontrollzentrum und den Chefkonstrukteur Koroljow wenig, da auch während der Landung auf der Erde keine Rückmeldung möglich war. Die Begeisterung über die geglückte Landung beiseite schiebend donnerte Koroljow: „Nie wieder wird ein Weib in den Kosmos fliegen, nicht zu meinen Lebzeiten!" Seine Worte bewahrheitete sich, denn erst im Jahr 1982 flog mit Swetlana Sawizkaja eine weitere Frau ins All.

Trotz aller Startprobleme hat Walentina Tereschkowa nie ihre Begeisterung für die Raumfahrt verloren und bekundete noch im hohen Alter ihr Interesse an einem Flug auf den Mars.

„Noch in diesem Jahrhundert wird die erste Frau ihren Fuß auf den Mars setzen", postulierte im Mai 2002 die ESA-Astronautin Claudie Haigneré auf einer Tagung, die jungen Frauen die Berufsfelder in der Luft- und Raumfahrt nahebringen sollte, denn: Im All herrscht Frauenmangel. Neben Expertinnen aus Luft- und Raumfahrtberufen berichteten die beiden europäischen Astronautinnen Claudie Haigneré und Heike Walpot über ihre Ausbildung und Erfahrungen auf ihrem ganz persönlichen Weg ins All.

Auch heute noch trauen sich viele Mädchen und junge Frauen technische Berufe nicht zu. Die Französin Claudie Haigneré, Fachärztin für Lungenkrankheiten, ist der Meinung, dass „alles erreichbar ist, wenn der Wille stark genug ist". 1996 absolvierte sie als Forschungskosmonautin ihren ersten Flug zur MIR-Station. Fünf Jahre danach, 2001, betrat die ESA-Astronautin als erste Europäerin die Internationale Raumstation ISS. Die zweifache Raumfahrerin bekräftigte: „Die Tür steht offen." Den Schritt über die Schwelle aber müsse „jede Frau mutig und hoch motiviert selbst tun".

Die Anzahl der Kosmonautinnen und Astronautinnen ist derzeit noch sehr gering, doch stetig steigend, zumal Forschungsergebnisse der NASA die bessere Stabilität und Funktionalität von Raumschiffbesatzungen mit beiden Geschlechtern belegen. Gerade in Extremsituationen, wie einer Mission auf der Raumstation ISS, oder auch einer zukünftigen Marsmission, ist das stressfreie Miteinander der Crewmitglieder ausschlaggebend.

Die Raumfahrt „wartet" also auf interessierte und begeisterte Frauen und bietet vielfältige Chancen.

Der Beruf der Pilotin ist ein Gradmesser für die im 21. Jahrhundert endlich beginnende Gleichberechtigung – die Vorurteile und Hindernisse mussten beseitigt, die Rollenklischees des 19. bzw. 20. Jahrhunderts überwunden werden. Das bedurfte Mut, Zähigkeit und einer starken Persönlichkeit. Die Frauen probierten neue Lebensformen aus, entzogen sich der gängigen Familienideale und waren wirtschaftlich auf sich selbst gestellt. Wie schon eingangs beschrieben, schmückte sich das Fliegen mit Mythen und Legenden; das bleibt in der Beschreibung der Pilotinnen auch nicht aus. Sie werden heroisierend dargestellt und man schreibt den Fliegerinnen ähnliche Eigenschaften wie ihren männlichen Pendants zu. Auf dem Weg in die Gegenwart darf man aber nicht vergessen, wie viele soziale und politische Widerstände überwunden werden mussten. Heute stehen die Chancen für Frauen in der Luftfahrt gut, wenn auch das Gleichgewicht der Geschlechter noch nicht erfüllt ist. Sofern sich Frauen eine Pilotenausbildung zutrauen und die finanziellen und persönlichen Hürden meistern, ist der Erfolg naheliegend. Schätzungen der internationalen Luftverkehrsvereinigung aus dem Jahr 2018 zufolge würde sich die Zahl der Passagiere weltweit bis 2035 nahezu verdoppeln. Der Bedarf an Pilotinnen und Piloten wird bei den Fluglinien daher steigen. Auch bei den österreichischen Fluglinien.

In einem Brief an ihren Mann George P. Putnam schrieb die berühmte Flugpionierin Amelia Earhart: „Von Zeit zu Zeit sollten Frauen all das tun, was Männer bereits getan haben, und gelegentlich etwas, das Männer noch nicht getan haben – um sich als Persönlichkeit zu bestätigen und vielleicht andere Frauen zu größter Unabhängigkeit in Gedanken und Taten zu ermutigen. Sollten sie Schiffbruch erleiden, darf ihr Misserfolg nur ein Ansporn für andere sein."

Die Erste – und wie wird man das?

Die Summe aus guter Ausbildung, Motivation, Fleiß, Ausdauer, gepaart mit einer genetischen Disposition, macht „die Erste" aus! Diese vereinfachte Aussage ist die „Summenformel" für den „Stoff", aus dem „die Erste" entsteht. Der Genetiker Markus Hengstschläger hat dies noch weiter ergänzt: „Gene sind nur Bleistift und Papier, aber die Geschichte schreibt jeder selbst."

Leistung, Leistungsmotivation und Intelligenz sind genetisch festgelegt. Doch erst die Sozialisierung, das Umfeld führen Kinder und Heranwachsende zum Erfolg. Dieser wird, gepaart mit den Gefühlen Stolz und Freude, zum Motor für weitere Höchstleistungen. Das bestätigte auch der Rektor der Sigmund Freud Privatuniversität Dr. Alfred Pritz in einem Interview, das mit ihm am 14. September 2020 zum Thema „Was macht ‚die Erste' aus?" geführt wurde.

So wusste Irene Fuhrmann schon früh, dass der Ballsport quasi in sie eingeschrieben ist. Sie betrieb diesen Sport mit hoher Intensität und Ausdauer und bekam die Anerkennung ihrer Familie und des schulischen Umfelds. Der Erfolg blieb nicht aus und sie schaffte es mittels Fleiß und Freude am Fußball, erste Trainerin des Frauennationalteams und die erste Österreicherin mit dem UEFA-Pro-Trainerschein zu werden.

Ebenso spielen Vorbilder eine große Rolle in der Entwicklung des Menschen. Sind es bis zur Pubertät oft die Eltern, können es später andere Personen sein, wie dies bei Gerlinde Kaltenbrunner der Fall war. Immer wieder betonte sie in den Interviews, dass der Dorfpfarrer ihr die Liebe zur Natur und den Bergen eröffnet hat. Auch während ihrer Bergsteigerinnenkarriere gab es Vorbilder, wie die Polin Wanda Rutkiewicz, die Wegbereiterin des Frauenalpinismus.

Mit jedem Erfolg steigt das Selbstwertgefühl. „Das Selbstwertgefühl ist intrinsisch angelegt. Als Beispiel nehmen Sie ein Kind. Es spielt, baut einen Turm oder ein Auto, hat damit seine ersten kleinen Erfolge. Es braucht kein Lob. Sich selbst etwas zuzutrauen, etwas zustande zu bringen, ist ein wichtiger Aspekt der Leistungserbringung." So Dr. Pritz im oben erwähnten Interview. Voraussetzung dafür ist, dass man Kinder selbständig agieren lässt.

So hat es auch Brigitte Bierlein auf ihrem Weg zur Oberstaatsanwältin und Bundeskanzlerin erfahren. Ihr Erfolg ist einerseits dem hohen Leistungsanspruch, „100%ige" Arbeit zu leisten, den sie an sich selbst stellt, geschuldet und andererseits hat sie ihre Berufschancen bestens verwertet. Daraus resultieren u. a. Wertschätzung und Akzeptanz, die besser sind als „falsches Lob", so Dr. Pritz. Die Glaubwürdigkeit macht es aus.

Auch Bettina Glatz-Kremsner bewertet ihren Erfolg als einen Mix aus den Eigenschaften Ehrgeiz, Konsequenz, Willenskraft, Flexibilität, dem Ausbrechen aus der Komfortzone und einem großen Vertrauen in sich selbst.

Das durfte auch Eva Voraberger nach ihrem K.-o.-Kampf gegen die sechsfache Titelweltmeisterin Amanda Serrano erfahren. Die Wertschätzung der gesamten Community war ihr sicher, denn sie hatte es gewagt, die Herausforderung anzunehmen. Kein Rückschlag, nein, es hat sie zu noch mehr Leistung motiviert.

Irene Fuhrmann hat schon in Kindestagen Akzeptanz für ihr fußballspielerisches Können erfahren dürfen. „Ich war immer gut in dem, was ich gemacht habe. Dadurch habe ich Akzeptanz erfahren. Aber nicht nur im Spiel mit anderen, auch allein. Schon in der Volksschule bei den Schulausflügen, wenn Väter dabei waren, waren viele über mein fußballerisches Können verwundert."

Und wie sieht es mit der Angst vor einem Misserfolg aus? Misserfolg darf nicht zur Angst davor führen, seinen Weg fortzusetzen. „Wichtig dabei ist die Prägung des Kindes, wie lernt es, mit dem Misserfolg umzugehen. Ständige Misserfolge - denken wir an die schulischen Leistungen - können lebensprägend sein. Dazu kommt noch der jeweilige Stellenwert eines Misserfolgs. Schatten hat ein jeder, diese tauchen immer wieder auf", so Dr. Pritz in dem Interview.

Ist die Bewältigung von Misserfolgen geschlechtsspezifisch?

„Männer trauen sich vielleicht mehr zu, möglicherweise ist das so. Aber das kann bei Männern auch passieren, die überlegen auch, aber denken nicht gleich an die Folgen. Oft überwiegt das Interesse an der Sache", meint Dr. Pritz.

Und das kann durch die mit „den Ersten" geführten Interviews bestätigt werden. Trotz sehr kurzer Bedenkzeit hat Frau Bierlein das Amt der Bundeskanzlerin angenommen, denn „... es wurde mir klar, dass diese Kanzlerschaft einer Frau ein wichtiges Zukunftssymbol sein kann, und so fiel meine Entscheidung, diese einmalige Gelegenheit wahrzunehmen."

Frau Zuna-Kratky: „Es war und ist wichtig, Herausforderungen anzunehmen, seine Stärken und Schwächen zu kennen und seinen ganz persönlichen Weg zu finden."

„Eine Tour abzubrechen, habe ich nie als Rückschlag erlebt, da für mich die gesunde Rückkehr immer oberste Priorität hat." So Gerlinde Kaltenbrunner in dem persönlichen Interview in diesem Buch. Das Ziel, alle 14 Achttausender zu besteigen, hat Gerlinde Kaltenbrunner für sich geplant und konsequent verfolgt. Mentale Stärke, sehr gute körperliche Vorbereitung, genaueste Planung der Route und ein gutes und vertrautes Expeditionsteam waren ihre Basis für den Gipfelerfolg.

Ebenso ergeht es Irene Fuhrmann in der Planung und Spielvorbereitung mit dem österreichischen Frauennationalteam oder Eva Voraberger in der Vorbereitung auf einen Boxkampf.

Das Ziel erreicht zu haben, wird als Erfolg gewertet. Ob es bis dorthin auch Niederlagen gegeben hat? Im Sport haben die Interviewpartnerinnen Niederlagen einstecken müssen. Das mediale Echo blieb nicht aus, es war eine unmittelbare Reaktion auf den nicht erreichten Erfolg. Im Berufsleben ist es meist ein nicht erfüllter wirtschaftlicher Erfolg. Grundsätzlich muss hier zwischen existenzieller Niederlage, die meist mit dem Verlust des Arbeitsplatzes verbunden ist, und einem Rückschritt beim weiteren Werdegang unterschieden werden. „Ich habe natürlich auch Rückschläge erlebt, ich habe sie akzeptiert und analysiert, Erkenntnisse daraus gezogen, auf diese Art sogar etwas Positives für die Zukunft mitgenommen und versucht, nach einem Rückschritt wieder konsequent nach vorne zu gehen." So Bettina Glatz-Kremsner.

Doris Zametzer sieht als entscheidende Kriterien für eine Führungsposition neben hoher Fachkenntnis eine große Leidenschaft und einen starken Optimismus für die Sache vonnöten – und die Bereitschaft, auch mit Anfeindungen zu leben. „Verfügt man noch über eine Portion Humor und Lebensfreude, ist man mit hoher Wahrscheinlichkeit eine gute weibliche Führungskraft."

Viele Frauen haben es im Verlauf der Geschichte geschafft, in ihrem Bereich „die Erste" zu werden. Sie eröffneten den Frauen der nächsten Generationen neue Zugänge in männliches Terrain.

Gemeinsam waren und sind diesen so unterschiedlichen Frauen ihre Durchsetzungskraft, ihr Ehrgeiz, der Mut, Herausforderungen anzunehmen, um die Gesellschaft um so vieles reichhaltiger zu machen.

Literaturhinweise

Quellen Wissenschaft & Bildung:

- Anderson, Bonnie S., Zinsser, Judith P.: Eine eigene Geschichte. Frauen in Europa. Band 2, Aufbruch: Vom Absolutismus zur Gegenwart, in: Ingeborg Mues (Hrsg.): Die Frau in der Geschichte, Frankfurt am Main 1995, S. 176.
- Becker-Schmidt, Regina: Frauenforschung, Geschlechterforschung, Geschlechterverhältnisforschung, ,in: Regina Becker-Schmidt, Gudrun-Axeli Knapp: Feministische Theorien zur Einführung, 1. Auflage, Hamburg 2000, S. 14 f.
- Bernold, Monika, Gehmacher, Johanna: Auto/Biographie und Frauenfrage. Tagebücher, Briefwechsel, Politische Schriften von Mathilde Hanzel-Hübner (1884–1970), Wien 2003
- Hartmann, Doreen: Zwischen Mathematik und Poesie. Leben und Werk von Ada Lovelace, in: Sybille Krämer (Hrsg.): Ada Lovelace. Die Pionierin der Computertechnik und ihre Nachfolgerinnen, Paderborn 2015, S. 24
- Universität Bremen, Kompetenzzentrum Frauen in Informationsgesellschaft und Technologie (Hrsg.): Frauen in der Geschichte der Informatik, Bremen 2001, S. 23
- http://www.diss.fu-berlin.de/diss/servlets/MCRFileNodeServlet/FUDISS_derivate_000000001426/08_kap08.pdf (abgerufen am 5. 8. 2020)
- http://www.physik.uni-halle.de/Fachgruppen/history/agbas.htm (abgerufen am 5. 8. 2020)
- http://www.tollmien.com/pdf/kowalewskajaautobiografischeskizze.pdf (abgerufen am 20. 7. 2020 und 22. 7. 2020)
- https://www.frauenspuren.at/daten_und_fakten/ (abgerufen am 15. 7. 2020)
- https://www.geschichtewiki.wien.gv.at/Frauenstudium (abgerufen am 3. 8. 2020)
- https://historisches-lexikon.li/Wartensleben,_Gabriele_Gräfin_von (abgerufen am 25. 7. 2020)
- https://www.hu-berlin.de/de/pr/nachrichten/september-2018/nr_180921_00 (abgerufen am 22. 7. 2020)
- https://www.nature.com/articles/d41586-018-05458-6 (abgerufen am 29. 8. 2020)
- https://www.tuwien.at/tu-wien/organisation/zentrale-bereiche/genderkompetenz/frauenspuren (abgerufen am 15. 7. 2020)
- https://www.uni-math.gwdg.de/noether/expo14.html (abgerufen am 1. 8. 2020)
- https://www.univie.ac.at/Geschichte/Neuverortung-Geschlechtergeschichte/cms/ (abgerufen am 25. 7. 2020)
- https://www.zeit.de/2020/08/christiane-floyd-professorin-informatik-agiles-arbeiten/seite-2 (abgerufen am 6. 10. 2020)
- www.computerhistory.org/atchm/ada-lovelace-day-2 (abgerufen am 3. 8. 2020)
- file:///J:/Moebius/PaulMoebiusüberdenphysiologischenSchwachsinn.pdf

Quellen Industrie & Gewerbe:

- Donhauser, Peter, Langer, Alexander: Streicher. Drei Generationen Klavierbau in Wien, Köln 2014
- Otto-Peters, Louise: Frauenleben im deutschen Reich, Leipzig 1876, S. 193 f.
- Rönicke, Katrin: Beate Uhse: Ein Leben gegen Tabus, Salzburg – Wien 2019, S. 44
- Ulbricht, Annette (Hrsg.): Von der Henschelei zur Hochschule. Der Campus der Universität Kassel am Holländischen Platz und seine Geschichte. Kasseler Semesterbücher, Studie Cassellana, Bd. 15, Kassel 2004, S. 25

- Vare, Ethlie; Ptacek, Greg: Patente Frauen. Große Erfinderinnen, Wien – Darmstadt 1989, S. 91 f.
- Damen Conversations Lexikon, Band 9. (o. O.), 1837, S. 449–452, auf: http://www.zeno.org/nid/20001769448 ((abgerufen am 2. 11. 2016)
- https://de.statista.com/statistik/daten/studie/328252/umfrage/frauen-in-fuehrungs-positionen-in-oesterreich/ (abgerufen am 6. 10. 2020)
- https://www.ey.com/de_at/news/2020/08/ey-mixed-leadership-barometer-at-0 -2020 (abgerufen am 18. 10. 2020)
- https://www.forbes.com/self-made-women/ (abgerufen am 6. 10. 2020)
- https://www.paris360.de/magazin/lvmh-franzoesischer-luxusgueter-konzern (abgerufen am 27. 10. 2020)
- http://www.spielzeug-welten-museum-basel.ch/de/museum/teddybaeren/margarete-steiff/ (abgerufen am 16. 10. 2020)
- https://www.steiff.com/de-at/i/firmenhistorie (abgerufen am 16. 10. 2020)
- https://www.welt.de/icon/essen-und-trinken/article171746250/Veuve-Clicquot-Champagner-und-die-Geschichte-der-Witwe.html (abgerufen am 14. 10. 2020)
- https://www.wko.at/site/FIW/UnserAuftrag/unserauftrag.html (abgerufen am 27. 10. 2020)
- https://www.wko.at/site/fiw-steiermark/fiw_factsheet_2020_FINAL.pdf (abgerufen am 13. 10. 2020)
- https://www.emma.de/artikel/emma-beate-uhse-337271 (abgerufen am 12. 10. 2020 und 8. 11. 2020)
- Zeit online, Nr. 11/2011

Quellen Politik:

- Feigl, Susanne: Politikerinnen in Wien 1848–2000. Biographien. Eine Publikation des Frauenbüros der Stadt Wien (MA 57), Wien 2000, S. 46
- Gremel, Markus: Leadership in der Frauenpolitik dargestellt an Leben und Wirken von Adelheid Popp und Johanna Dohnal (Diplomarbeit), PDF, S. 66 (abgerufen am 25. 2. 2010)
- Kaps, Klemens: Vergessene Pionierin (Printausgabe 2006), in: Datum 3/2006, in: www.datum.at/artikel/vergessene-pionierin/ (abgerufen am 21. 7. 2015)
- Perchar, Brigitte: Ein Leben für die Rechte der Frauen, in: Wiener Zeitung vom 23. Februar 2010 (abgerufen am 7. 11. 2013)
- Seidl, Conrad: Sozialreformerin war Österreichs erste Ministerin (Printausgabe 2014), in: diestandard.at/2000003364960/Grete-Rehor-Eine-Sozialreformerin-war-Oesterreichs-erste-Ministerin (abgerufen am 21. 7. 2015)
- Zöchling, Christa: Johanna Dohnal: Die Rückkehr als Ikone, in: profil 8. 8. 2020
- Brigitte Bierlein: Die Erste Österreichs – Porträt von Katharina Mittelstaedt in Der Standard online vom 1. 6. 2019 (abgerufen am 5. 6. 2019)
- Brigitte Bierlein – Porträt von Anton Rainer im SPIEGEL online vom 30. 5. 2019 (abgerufen am 30. 5. 2019)
- derstandard.at: Johanna Dohnal verstorben: Ehemalige Frauenministerin und Ikone der Frauenbewegung wurde 71 Jahre alt, vom 20. Februar 2010 (abgerufen am 11. 2. 2012).

- Da capo: Im Gespräch (Ö1): Renata Schmidtkunz im Gespräch mit Johanna Dohnal, der ersten Frauenministerin Österreichs, und mit Frau Prof.[in] Birgit Sauer, Professorin am Institut für Politikwissenschaft der Universität Wien (Erstausstrahlung am 5. 11 2009)

Quellen Sport & Wettkampf:

- Hager, Daniela: Facetten der Konstruktion von Weiblichkeit und Männlichkeit am Beispiel Fußball: Analyse, Standortbestimmung und Perspektiven, Diplomarbeit zur Magistra der Naturwissenschaften (Mag. rer.nat.), Wien 2018, S. 15
- Jennings, L. A. : She's a Knockout!: A History of Women in Fighting Sports, Lanham 2014
- Runggaldier, Ingrid: Frauen im Aufstieg. Auf Spurensuche in der Alpingeschichte, Bozen 2011
- Badische Neueste Nachrichten: https://bnn.de/lokales/karlsruhe/mit-dem-ruecken-zur-wand-regina-halmich-erinnert-sich-an-wm-triumph-in-karlsruhe (abgerufen am 11. 6. 2020)
- Illustrierte Kronen-Zeitung vom 28. Juli 1925, S. 13
- The Sketch – March 27th 1895 auf http://www.donmouth.co.uk/womens_football/blfc.html (abgerufen am 10. 8. 2020)
- Sporting Man – April 22nd 1895 auf http://www.donmouth.co.uk/womens_football/blfc.html (abgerufen am 10. 8. 2020)
- Wiener Sporttagblatt vom 6. Dezember 1929, S. 5
- (Wiener) Sporttagblatt vom 13. August 1932, S. 5
- http://anno.onb.ac.at/cgi-content/anno?aid=wst&datum=19320813&seite=5&zoom=33&query=%22damenboxen%22&ref=anno-search (abgerufen am 8. 7. 2020)
- http://www.gerlinde-kaltenbrunner.at/de/ (abgerufen am 20. 2. 2019)
- http://www.nicolewesner.com/#/biografie/ (abgerufen am 18. 7. 2020)
- http://www.womenboxing.com/biog/adamsnikki.htm (abgerufen am 9. 7. 2020)
- https://austria-forum.org/af/AustriaWiki/Reinhold_Messner (abgerufen am 20. 2. 2019)
- https://barbie.mattel.com/shop/en-us/ba/careers-places/barbie-soccer-coach-playset-glm47 (abgerufen am 8. 10. 2020
- https://www.bergnews.com/service/biografien/Wanda_Rutkiewicz/Wanda_Rutkiewicz-Biografie.php (abgerufen am 13. 3. 2019 und 5. 9. 2019)
- https://www.boxen1.com/amanda-serrano-ich-moechte-weltmeisterin-in-7-verschiedenen-gewichtsklassen-werden-35275/ (abgerufen am 9. 7. 2020)
- https://www.emma.de/artikel/diana-boxt-sich-hoch-265682 (abgerufen am 26. 6. 2020)
- https://www.facebook.com/DasFrauenNationalteam (abgerufen am 25. 8. 2020)
- https://www.gerlindekaltenbrunner.at/de-startseite/portrait (abgerufen am 24. 6. 2020)
- https://www.gerlindekaltenbrunner.at/2009/07/21/k2-expedition-2009-newsletter-6/ (abgerufen am 20. 2. 2019)
- https://www.helgahengge.com/helga-hengge (abgerufen am 20. 2. 2019)
- https://www.instagram.com/p/B4EluEsByid/ (abgerufen am 12. 7. 2020)
- https://www.krone.at/223536 (abgerufen am 30. 9. 2020)
- https://www.kufstein.com/media/bergsinne-klettersteig-buch.pdf (abgerufen am 19. 2. 2020)
- https://www.oefb.at/oefb/Fussball-Aktiv/OeFB-Frauen-Akademie/Geschichte-Erfolge (abgerufen am 14. 8. 2020)

- https://www.oefb.at/oefb/News/Initiative-fuer-junge-Maedchen-Zuhause-spielen-mit-UEFA-Playmaker (abgerufen am 5. 10. 2020)
- https://sciencev2.orf.at/stories/1696159/index.html (abgerufen am 23. 1. 2021)
- https://www.spiegel.de/spiegel/print/d-40680189.html (abgerufen am 30. 6. 2020)
- https://www.stern.de/sport/fussball/frauenfussball-wm2011/frauenfussball-weltmeisterschaft-beckenbauer-und-gomez-ganz-gentlemen-3028630.html (abgerufen am 10. 8. 2020)
- https://www.superprof.de/blog/frauen-boxen-profis/ (abgerufen am 18. 7. 2020)
- https://www.tagesspiegel.de/sport/frauen-boxen-regina-halmich-allein-im-universum/204722.html (abgerufen am 7. 7. 2020)
- https://taz.de/Regina-Halmich-ueber-ihre-Boxkarriere/!5688121/ (abgerufen am 7. 7. 2020)
- https://www.welt.de/print-wams/article141604/Koenigin-des-Himalaja.html (abgerufen am 20. 2. 2019)
- Webseite des Deutschen Fußball-Bundes: www.dfb.de
- „FRAUENBOXEN Macht Spaß" vom 26. 12. 1977 https://www.spiegel.de/spiegel/print/d-40680189.html (abgerufen am 30. 6. 2020)
- Helga Hengge zu Gast bei Markus Lanz, Mai 2017, https://www.youtube.com/watch?v=BoTC3TW169w; (abgerufen am 14. 2. 2019)
- Gerlinde Kaltenbrunner: Berg- oder rekordsüchtig? https://www.youtube.com/watch?v=JcWGv80uhfI (abgerufen am 10. 2. 2019)
- Gerlinde Kaltenbrunner: Dem Himmel so nah. Artikel von Nina Kaltenböck, Rubrik Menschen (17. 9. 2018) https://www.news.at/a/menschen-himmel-10343131 (abgerufen am 20. 2. 2019)
- Interview mit Gerlinde Kaltenbrunner vom 14. 11. 2015 https://kurier.at/freizeit/mein-gefuehl-hat-mich-nie-im-stich-gelassen/163.833.731 (abgerufen am 20. 2. 2019)
- In der Rubrik Sportmonolog Eva Voraberger (zugehört und aufgezeichnet hat: Philip Bauer, 28. 1. 2019) – https://www.derstandard.at/story/2000097110706/haette-ich-weglaufen-sollen (abgerufen am 11. 7. 2020)
- Interview mit Reinhold Messner vom 11. 4. 2012 https://tirv1.orf.at/stories/534029 (abgerufen am 20. 2. 2019)
- James Figg: Boxing's First Champion By Norman Marcus on December 3, 2014 http://archive.boxing.media/james_figg_boxings_first_champion.html (abgerufen am 1. 7. 2020)

Quellen Nobelpreise:

- Curie, Ève : Madame Curie. Ihr Leben und Wirken, Berlin 1949
- Katscher, Leopold: Bertha von Suttner, Biographie, Hamburg 2013 (Neuauflage)
- Ostrom, Elinor: Was mehr wird, wenn wir teilen. Vom gesellschaftlichen Wert der Gemeingüter, Silke Helfrich (Hrsg.), München 2011
- Niels, Maja : Die Entdeckung der Radioaktivität, in: Abenteuer Wissen, Hildesheim 2010, S. 47
- Piper, Nikolaus: Auf der Almende, 8. Mai 2015, Süddeutsche Zeitung – SZ.de
- Schultz, Tanjev: Lady first, 12. Oktober 2009, Süddeutsche Zeitung – SZ.de

Literaturhinweise

- http://www.politik-lexikon.at/oesterreich1918plus/2004/#:~:text=Elfriede%20Jelinek%20ist%20bisher%20die,erh%C3%A4lt%20Elfriede%20Jelinek%20den%20Literaturnobelpreis
- https://www.br.de/wissen/literaturnobelpreis-nobelpreis-2020-literatur-100.html
- https://www.br.de/wissen/nobelpreis-alfred-nobel-100.html
- https://www.br.de/wissen/nobelpreis-2020-chemie-chemienobelpreis-crispr-genome-editing-102.html
- https://de.wikipedia.org/wiki/Nobelpreis
- https://www.emma.de/emma-archiv
- http://www.emma.de/artikel/naturwissenschaftlerinnen-marie-curie-264482
- https://www.emma.de/artikel/sind-schreibende-frauen-fremde-dieser-welt-263456 (abgerufen am 10. 12. 2020)
- https://www.faz.net/aktuell/karriere-hochschule/mein-weg-ich-ueber-mich-elinor-ostrom-11037868.html
- https://ifvjelinek.at/
- https://nobelchannel.com (abgerufen am 1. 10. 2020)
- www.br.de (abgerufen am 1. 10. 2020)

Quellen Luftfahrt:

- Gerste, Ronald D.: Amelia Earhart. Der Traum von grenzenloser Freiheit, Regensburg 2010
- Keimel, Reinhard: Österreichs Luftfahrzeuge. Geschichte der Luftfahrt von den Anfängen bis Ende 1918, Wien 1981
- Nabizada, Latifa, Hoffmann, Andrea C.: Greif nach den Sternen, Schwester! – Mein Kampf gegen die Taliban, Knaur eBook 2014
- Projekthomepage: http://www.biografiA.at
- http://www.luftfahrt-archiv.de/geschichte/luftfahrtgeschichte
- https://besserfliegen.com/de/die-geschichte-der-luftfahrt
- https://de.wikipedia.org/wiki/Raumfahrt#Theoretische_Grundlagen_und_Raketen-Pioniere
- https://www.esa.int/Space_in_Member_States/Austria/Frauen_in_der_Luft-_und_Raumfahrt
- https://www.mdr.de/zeitreise/tereschkowa-102.html
- https://www.ndr.de/nachrichten/niedersachsen/oldenburg_ostfriesland/Erste-Polizei-Pilotin-hofft-auf-Verstaerkung,polizeihubschrauber132.html (abgerufen am 10. 11. 2020)

Bildnachweis:
Seite 13: https://commons.wikimedia.org/wiki/File: Nanette_Streicher_1836.jpg; Seite 18: https://commons.wikimedia.org/wiki/File: Veuve_clicquot.jpg; Seite 23: https://commons.wikimedia.org/wiki/File: MadameCJWalkerdrivingautomobile.png; Seite 25: https://de.wikipedia.org/wiki/Datei: STEIFF_Knopf_im_Ohr,_Werbung_1913.jpg; Seite 28: https://commons.wikimedia.org/wiki/File: Barbie_e_skipper_con_vari_outfit_anni_%2760_(coll._baldi_bellavia)_01.jpg; Seite 32: https://commons.wikimedia.org/wiki/File:Beate_Uhse_(1971).jpg; Seite 47: Christof Wagner; Seite 53: BKA/Andy Wenzel; Seite 63: SPÖ Presse und Kommunikation, CC BY-SA 2.0, via Commons Wikimedia; Seite 65: Kreisky-Archiv; Seite 68: picturedesk.com; Seite 72: gemeinfrei in den USA; Seite 81: Doris Zametzer; Seite 90: https://commons.wikimedia.org/wiki/File: Sophie_Kowalevski.jpg; Seite 94: https://commons.wikimedia.org/wiki/File: Noether.jpg; Seite 99: https://commons.wikimedia.org/wiki/File:Dr._Elise_Richter_c._1907.jpg; https://commons.wikimedia.org/wiki/File: Wien09_Aser_Stra%C3%9Fe002-4_2018-04-12_, GuentherZ_GD_Richter_1129.jpg?uselang=de Gedenktafel für NS-Opfer, Elise Richter in Wien, Alser Straße 2–4, Hof 8, Bibliothekseingang; Seite 100: Technische Universität Wien/ Universitätsarchiv; Seite 107: https://commons.wikimedia.org/wiki/File: Ada_Lovelace.jpg; Seite 109: https://commons.wikimedia.org/wiki/File:Grace_Hopper_and_UNIVAC.jpg; Seite 112: Inge Prader; Seite 123: Bertha_von_Suttner_1903 Pietzner; Seite 125: Marie und Pierre Curie in ihrem Pariser Labor, um 1900; Seite 126: 1903, Archiv Technisches Museum Wien; Seite 130: Holger Motzkau 2010, zikipedia/Wikimedia Commons (cc-by-sa-3.0); Seite 135: picturedesk.com; Seite 147: Ralf Dujmovits (2); Seite 153: Seweryn Bidziński, Public domain, via Wikimedia Commons; Seite 157, https://www.bounce.at/presse/pressebilder Bounce; Seite 165: https://commons.wikimedia.org/wiki/File: Nicola_Adams_-_Our_Greatest_Team_Parade.jpg?uselang=de; Seite 170: https://www.bounce.at/presse/pressebilder; Kwon; Seite 185: ÖFB_Christopher Glanzl; Seite 190: ÖFB_Christopher Kelemen; Seite 197, Technisches Museum Wien bzw. Quelle: Archiv Technisches Museum Wien, Abdruck honorarfrei; Seite 199: Historic Collection/Alamy Stock Photo; Seite 203: Melli_Beese_auf_ihrer_Rumpler-Taube_1911, Von Zander & Lamp; Labisch – ebay, gemeinfrei, https://commons.wikimedia.org/windex.; Seite 204: Volker Henning Friedrich von Bonin Wikipedia/Wikimedia Commons (cc-by-4.0); Seite 207: gemeinfrei; Seite 210: gemeinfrei; Seiten 214/215: shutterstock, Seite 216: Harold-Blum; Seite 219: Bundesheer/Sigi Schwärzler; Seite 221: Austrian Cockpit Association; Seite 227: RIA Novosti Archives, image #612748 / Alexander Mokletsov / CC-BY-SA 3.0

© PRIVAT

Dr.[in] Beatrix Hain
studierte europäische Ethnologie, Kunstgeschichte, Philosophie und Soziologie. Nach einer längeren Periode als freischaffende Kulturvermittlerin kam sie 1989 ans Technische Museum Wien (TMW) und war bis 2017 Leiterin der Abteilung Wissensvermittlung an diesem Museum. Sie ist als Vortragende für genderorientierte Themen tätig.

© PRIVAT

Mag.[a] Barbara Hafok
studierte Publizistik und Politikwissenschaft an der Universität Wien. Tätigkeit im Technischen Museum Wien als Veranstaltungsreferentin, später Leitung der Abteilung Presse/PR mit Zuständigkeit für interne und externe Publikationen sowie Organisation von Ausstellungen, Events und Veranstaltungen. Gleichbehandlungsbeauftragte des Bundes im musealen Rahmen.